閱讀不偏食
－30篇文字的美味關係

楊曉菁 著

五南圖書出版公司 印行

 推薦序

閱讀是源頭活水

〈宋‧朱熹‧觀書有感〉：「半畝方塘
一鑑開，天光雲影共徘徊；問渠那得清如
許？為有源頭活水來。」閱讀就像一把開啟
源頭活水的鑰匙，它不僅能增長智慧，又能
使生命豐富多彩。曾有人問科學家牛頓為何
能發現那麼多天地間的奧祕，他說：「因為
我站在巨人的肩膀上，所以看的比別人更多
更遠。」所以咀嚼前人的智慧結晶，領略智
者妙言巧思，是快速積累自己的知識的不二
法門。

閱讀是人生享受

張曉風女士說：「最精緻、最恣縱的聊
天，應該是讀書了。或清茶一盞邀來莊子；
或花間置酒單挑李白。如果嫌古人渺遠，則
不妨與辛稼軒、曹雪芹同其歌哭；如果你嚮

往更相近的聲音，便不妨拉住梁啟超或胡適之來聒絮一番；如果你握一本《生活的藝術》，林語堂便是你談笑風生的韻友；而執一卷《白玉苦瓜》，足以使余光中不能不向你披肝瀝膽。尤其偉大的是，你可以指定梁實秋教授做傳譯而與莎翁聊天。」這樣的樂趣如果你尚未經歷，或許是因為你尚未發現它的魅力。有所為而為的閱讀，或是帶有目的的讀書心態，最終只會讓我們感到厭煩。如果我們能將制式化的「教科書」所帶給我們的藩籬撤除，用一種氣定神閒的態度與作者促膝長談，相信更明白它的吸引力。

廣泛閱讀可使我們出口成章、寫作時援筆立就。宋代黃庭堅更清楚說明：「三日不讀書，便覺面目可憎，言語無味。」這句話的重點不在於幾日不讀書，而是失去讀書興致的人，會讓人覺得無趣，試想胸無點墨、言談無味，誰會想和他往來呢？杜甫也用「腹有詩書氣自華」來勉人養成閱讀習慣。良好的閱讀習慣是寫好文章最重要的因素，杜甫之所以能「下筆如有神」，就是建構在

他曾「讀破萬卷書」的基礎上啊！

　　曉菁老師終日優游書海，故文筆特出，氣質出眾。她精選高中生與美味相關的必讀文章30篇，其中內容涉及科普、環保、哲學、歷史等各類型問題，就如同書名「閱讀不偏食」一樣，包羅萬象，在多角度的閱讀之中，不只充實了知識，更擴大了閱讀的興味。難能可貴的是，曉菁老師透過「解讀策略」中對文章重點的摘錄及表格分析，使讀者能方便快速的掌握文章的肌理脈胳；又在「解題放大鏡」中對文章中所涉及的相關學科知識的深入淺出解說，在在引導讀者精確掌握文意，更有助於讀者解題時做出正確的判斷。在經過歸納、分析、引導，充分掌握理解文意之後，曉菁老師也不忘為讀者找來歷屆指考、學測題目，讓讀者「試試身手」，以驗收閱讀成果。所以此書的內容不只能滿足讀者多角度的閱讀視野，提升讀者的閱讀興趣，也能熟悉文章的解構及分析方式，相信不只增長自己的閱讀理解能力，也精進自己的解題技巧。所以本書實在是一本

生動活潑，而不乏味，兼具理論及實用的好
書，本人樂於向大家推薦。

國立臺北教育大學　語文與創作學系
 教授　謹薦
102.04.01

自　序

　　「閱讀」是近幾年來極為熱門的討論議題，加以國際間幾個大規模閱讀評量的實施，如：PIRLS（Progress in International Reading Literacy Study），主要測試世界各國小學四年級學童的閱讀能力；PISA（the Programme for International Student Assessment），是OECD國際組織發展出的一套評量，用以評估各國十五歲學生的閱讀素養、科學素養、數學素養。凡此種種，都讓閱讀成了許多人津津樂道的話語。於是，閱讀的意義及內涵、如何閱讀、如何教閱讀、如何推廣閱讀……便成了一種集體認知及公眾活動。

　　「閱讀」其實是一個統整性概念的總稱，它不單單指稱讀書、看書的能力與習慣，應該還要包含解讀、思考、判斷、鑑賞等能力。因為透過閱讀能建構出個人的知識體系、思想架構、思考模式等等，我們可

以說透過閱讀促進思考，藉由思考而迸發創意。所以，「閱讀」這樣的行為模式可以擴展成一種能力的表現──「閱讀力」。

在臺灣目前各階段的升學考試中，國中基測、大學學測與指考、四技二專統測等大型測驗中，我們都看到以閱讀理解作為命題核心的趨勢。舉凡科普、經濟、環保、哲學……等議題，都靈活生動地跳進考題中，希望藉由如此的命題型態引領出閱讀的風氣、促進思辨的提升及探索能力的強化。

關於「閱讀」，不少人會有這樣的困惑與質疑，閱讀是屬於非常個人的認知理解過程，能夠透過學習而培養嗎？能夠經由指導而改變嗎？閱讀有策略及方法嗎？要回答上述的問題，首先，我們要知悉，即使有兩個讀者在同一時間之內讀同一文章，他們也不會產生完全相同的理解；此外，任何一位讀者從文章中所獲得的意義也不會和作者的原意完全一致（節錄改寫自：洪月女翻譯／Ken Goodman原著《談閱讀》一書）。作者的思想及意念透過文本傳遞給讀者，於是形成

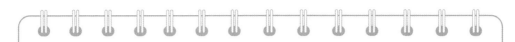

一道作者→文本←讀者的連結過程。但是，人的思想是一個繁複的系統，它不是單一的線性連續歷程。所以，即使是一位精密的閱讀高手也不盡然能百分之百領略作者的創作意念。因此，閱讀的指導或學習不是要教導出讀者完全相似的單一理解模式。而是透過策略、方法的運用讓閱讀來提升個人的多元能力。於是，我們這樣看待：把文本或書籍視為一種媒介、一條路徑，透過這樣的媒介路徑，引領讀者習得可以運用且帶得走的能力。

但是，知識浩瀚如海，資訊亦是日新月異，不同領域的文本五花八門，出版的速度亦是驚人。不同領域面向的文本在書寫模式上不盡相同，文學、科學、歷史的語言慣性便有著差異。因此，本書的撰寫目的便是希望引領讀者在閱讀時能有一把萬用鑰匙，得以自在地出入書籍文字之間。

本書內容原是連載於聯合報教育版的專欄，主要寫作目標以品賞、分析大學入學考試的文章內容為主。今日集結成書，在內容

上多所增益，而且為考慮閱讀的質與量提升，遂將此書分成三大單元。第一單元是多面向的現代語文選讀，包含科普、環保、經濟、歷史、文學⋯⋯；第二單元是經典古籍賞讀、文學名家介紹，兼具知識性與趣味性；第三單元則是古典詩詞主題化的鑑賞與思辨。筆者企圖以穿越時空、通貫古今的主題與材料豐沛閱讀視野及提升閱讀質量。

　　閱讀是一趟豐沛的旅行，每個讀者可以任憑個人的喜好與品味規畫屬於自己的海天遊蹤。團體旅行是跟隨著導遊的眼睛及腳步綜覽世界，自助行則全憑讀者的心眼走觀旅途。無論是何種旅行的方式，導引及提點是旅途中必備的指南。閱讀旅程中的策略便如同旅遊指南一樣，是提供讀者優遊泅泳於浩瀚書海中的必需品。接著，邀請您一起共同品嘗、咀嚼閱讀的滿漢全席！

 目　錄

現代語文的閱讀

此單元是現代語文的閱讀。文章來源是財團法人大學入學考試中心的學測與指考題目。其中包含有科普、環保、歷史文化、思辨、文學理論與作品……等類別。不同領域、面向的作品，它表意敘述的方式不盡相同。文學作品中可能有象徵、鋪陳、堆砌等手法的運用；科普或環保類文章就直搗黃龍式的進入主軸核心，較少無關聯的鋪排；而歷史地理類文本便需要有輔助的圖片、表格等。不同文類、不同題材的作品，閱讀時的運思及理解方式，也不相同。透過多樣性文類的閱讀可以撞擊出固定的思維模式，以培養出多元的思辨路徑及分析視角。

科普類文章（一）

科普文章的寫作特色：①直接進入敘述核心，較少無關的瑣碎鋪陳②著重事件或現象發生的關聯性及因果性③事件發展的時間點、推演歷程是記敘時的重點。

文章來一課

一八五九年倫敦街頭春意盎然。清晨的書店門口，許多人正排隊購買查理・達爾文剛出版的新書——《物種起源》。

一八三一年，達爾文因教授推薦，登上英國海軍「貝格爾號」，隨艦記錄沿途看到的自然現象。這次的航行歷時五年，除了蒐集到很多動植物標本，達爾文最大的收穫還是思想上的。

那時他隨身帶了兩本書，一是《聖經》，一是賴爾《地質學原理》。達爾文原本相信《聖經》的說法，認為形形色色的生物都由上帝創造，物種是不變的。但隨著考察結果的增加，物種變異的事實使他對「神造萬物」產生懷疑。後來他閱讀賴爾的

《地質學原理》，該書論證了地層年代愈久遠，現代生物與其遠古原形之間的差異就愈大，因此，他逐漸相信物種是不斷變化的。

回國後，達爾文向育種家和園藝家們請教，認真研究動植物在家養條件下的變異情況，並得出結論：具有不同特徵的動、植物品種可能源於共同的祖先，它們在人工干涉下，可逐漸形成人們需要的品種，此即人為選擇。但自然界的新物種又是如何形成？這個問題始終在他腦海縈繞。一八三八年，達爾文偶然讀到馬爾薩斯的《人口論》，書中提到：任何動物的繁殖速度，都大於它們食物的增長速度，於是部分動物在生存競爭中死亡，動物與它們的食物遂達到新的平衡。這個論點給達爾文很大的啟示，他想到自然環境就是這樣選擇生物，生物通過生存競爭，適者生存，因此不停進化，是為自然選擇。

一八四二年六月，達爾文寫出一份只有三十五頁的生物進化論提綱。一八四四年，他將這份提綱擴充為二三一頁的概要，但未立即發表，直到一八五八年，才在學術會議上公布他的生物進化論。達爾文的學說提出後，最大的反對者是當時的宗教界，因為此說否定上帝創造物種，動搖神學基

礎。但也有許多科學家表示支持，例如赫胥黎首先把進化論用來追溯人類的祖先，推測人類是由人猿變來的；海克爾則利用進化論，提出最早的動植物進化系統樹，並標明人類來源與人種分佈。

（改寫自《科學的故事》）／（93年大學指考）

 解讀策略

（一）摘要文章

本文寫作上的特色，是臚列出許多時間點。由於作者想要凸顯的是達爾文物種進化理論的演變歷程，因此，關鍵時間點便很重要。此外，既然是描述物種演變此學說的發展歷程，這期間影響達爾文觀念思想的人物或書籍，也是值得關注的焦點。閱讀時，可以先行整理爬梳出全文的時間脈絡，並將其中提及的書名稍加排列，以釐清它的遞嬗過程。

最後，本文的真正重頭戲是，達爾文的學說理論到底經過怎麼樣的歷程轉換，而有了最後樣貌呢？達爾文從起初相信上帝創造萬物，物種是不變的→物種是逐漸變易→後來又因為狐疑新物種的產生緣由，更進一步發現物種是會競爭的，適者會不斷進化以求生存。這個劃時代的學說，影響後世深遠。

（二）結構脈絡

背　　景	思想理念的轉變
一八三一年達爾文登上英國海軍「貝格爾號」，隨艦記錄沿途看到的自然現象	隨身帶了兩本書，一是《聖經》，一是賴爾《地質學原理》。原本他相信聖經所言：生物都由上帝創造，物種是不變的；後來經由實際觀察及閱讀《地質學原理》，他相信物種是不斷變化的。
一八三六年回國後	達爾文向育種家和園藝家們請教，並得出結論：具有不同特徵的動、植物品種可能源於共同的祖先，它們在人工干涉下，可逐漸形成人們需要的品種，此即「人為選擇」。
一八三八年，達爾文讀到馬爾薩斯的《人口論》	書中以為動物的繁殖速度遠大於食物的產生速度，所以動物彼此會競爭。有些存活，有些死亡，通過生存競爭，適者得以生存，因此不停進化，是為「自然選擇」。

背　景	思想理念的轉變
一八五八年	達爾文在學術會議上公布他的生物進化論。
一八五九年	達爾文出版《物種起源》一書，造成轟動。

 絞盡腦汁

一、文中提到達爾文對於自然界新物種是如何形成的感到狐疑，請問他後來找到解答了嗎？答案是什麼。

參考答案：

有的。其實是物種透過生存競爭，適者不停進化，而成了所謂「新物種」。

二、閱讀完本文後，請你簡要說明「人為選擇」與「自然選擇」的含意各是什麼？

參考答案：

「人為選擇」是指透過人工干涉將物種逐漸形成人類需要的品種。「自然選擇」則是指生物通過生存競爭，適者生存，不斷進化。

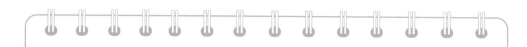

試試身手

一、上文旨在說明：

(A)《物種起源》暢銷的原因

(B)達爾文的家世與生平

(C)生物進化論的形成與影響

(D)人工選擇與自然選擇的差異

答案：C

二、上文所提到各人物的研究成果，可依先後排出傳承關係。下列排序，正確的選項是：

(A)賴爾──海克爾──達爾文

(B)馬爾薩斯──達爾文──赫胥黎

(C)赫胥黎──賴爾──達爾文

(D)海克爾──達爾文──馬爾薩斯

答案：B

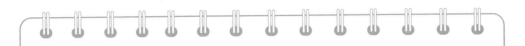

三、根據上文，達爾文《物種起源》的論證 不可能 包括哪個論點？

(A)對生物有利的變異，可藉由遺傳保存和累積

(B)自然選擇與人工選擇，皆可產生動、植物的新品種

(C)在生存競爭中，不利的變異被保留，有利的變異被淘汰

(D)相似的生物緣於一個共同祖先，生活條件改變則造成物種變異

答案：C

科普類文章（二）

文章來一課

　　認識糖尿病的人，一定都知道胰島素的重要。這個激素幫助細胞儲存醣類和脂肪以提供能量。當身體不能產生足夠的胰島素（第一型糖尿病）或者對它有異常反應（第二型糖尿病），就會發展成許多循環系統和心臟方面的疾病。但最近的研究顯示，胰島素對大腦也很重要——胰島素異常和神經退化性疾病有關，如阿茲海默症（Alzheimer's Disease）。

　　長久以來，科學家相信只有胰臟會製造胰島素，而中樞神經系統完全沒有參與。到了一九八〇年代中期，幾個研究團隊在大腦發現了胰島素。顯然這個激素不僅可以通過血腦障壁，大腦本身也能少量分泌。

　　接下來，科學家又發現胰島素對於學習和記憶很重要。例如：受試者在注射或吸入胰島素之後，對於回憶故事情節和其他記憶能力馬上增強了；而

擅長空間記憶測試的大鼠比起慣於靜止的大鼠，腦部也含有較多的胰島素。

這些觀察結果讓美國布朗大學的神經病理學家蒙特（Suzanne de la Monte）和同事聯想到：大腦的胰島素是否和阿茲海默症有關？因為阿茲海默症會造成嚴重的記憶喪失。他們比較了健康者和阿茲海默症患者腦中胰島素的含量，發現和學習以及記憶有關的神經區域中，健康者的胰島素平均含量高了四倍。

根據這個結果，蒙特認為：「阿茲海默症患者也可能有一般糖尿病的問題」，她甚至把阿茲海默症當成是「第三型糖尿病」。因為有血腦障壁的連通，大腦胰島素的含量，其實也反映了身體其他部位的含量，故二○○二年一份關於糖尿病患者的研究報告更進一步指出：＿＿＿＿＿，這些患者的記憶與學習問題也比較多。

（改寫自Melinda Wenner著，林雅玲譯，〈大腦也會得糖尿病〉）／（98年大學學測）

 解讀策略

（一）劃線與摘要

閱讀完上述文章後，我們發現作者想要呈現的主旨是：胰島素除了與傳統認知和「糖尿病」有關之外，它也和大腦有所牽涉。胰島素的異常和「阿茲海默症」之間是相關連的。

作者在首段段末就先提出這樣的中心概念，後續各段再漸次地將科學家研究發現的過程逐層推展論述。此文所運用的是「總提→分述→合論」的寫作方式。透過實證、歸納、推論、再驗證的歷程，將一則醫學新知告訴世人。

因此，進行解讀時，病症之間的因果關係、前後順序，便極為重要。上述文中套色部分，便是閱讀之際可以利用「劃線」策略以進行提點的重要部分。

（二）自詢及推論

逐步閱讀文章時，你腦海裏是否會閃過一些念頭來自我詢問呢？如：「糖尿病患者會不會比較容易患阿茲海默症？」、「阿茲海默症者會不會容易得糖尿病？」、「大腦跟身體其他器官的疾病有所關聯嗎？」這樣的想法就是屬於文章表面未呈現，

而是讀者自我詢問、推論的過程，這是閱讀力中想要培植的思辨及探索能力。讀者與作者的意念溝通（作者想表達的和讀者所理解的）透過詢問、推論的方式，得以接近。

（三）結構脈絡

段落安排	推論及驗證的遞進過程
首　段：以總說提要的方式先行說明全篇文章的主旨大意	胰島素對大腦也很重要——胰島素異常和神經退化性疾病有關，如阿茲海默症（Alzheimer's Disease）。
第二段：科學家的發現(一)	長久以來以為只有胰臟會製造胰島素，後來發現這個激素可以通過血腦障壁，大腦本身也能分泌少量胰島素。
第三段：科學家的發現(二)	胰島素對於學習和記憶很重要。
第四段：科學家的推論與實證	推論：大腦的胰島素是否和阿茲海默症有關？因為阿茲海默症會造成嚴重的記憶喪失。 實證：健康者的胰島素平均含量比阿茲海默症者高了四倍。

段落安排	推論及驗證的遞進過程
末　段：科學家蒙特的總結	「阿茲海默症患者也可能有一般糖尿病的問題」，蒙特甚至把阿茲海默症當成是「第三型糖尿病」。

 絞盡腦汁

一、「糖尿病患者會不會比較容易患阿茲海默症？」、「阿茲海默症者會不會容易得糖尿病？」這兩則問題的概念相同嗎？

二、這篇文章的題目是〈大腦也會得糖尿病〉，你覺得還有其他適合的題目可以使用嗎？

 試試身手

一、依據上文，自一九八〇年代中期至神經病理學家蒙特這段期間，關於胰島素的科學研究進程是：

甲、發現大腦會分泌胰島素

乙、發現糖尿病導因於胰島素分泌異常

丙、發現阿茲海默症患者的大腦胰島素含量低

丁、發現記憶力好壞與大腦胰島素分泌多寡有
　　關
(A)甲→乙→丁
(B)甲→丁→丙
(C)乙→甲→丁
(D)乙→甲→丙

答案：B

二、在一九八〇年代中期以降的科學研究基礎上，
　　文末所述二〇〇二年關於糖尿病患者的研究報
　　告，基於「大腦胰島素的含量，其實也反映了
　　身體其他部位的含量」，獲得的結論（即文末
　　內＿＿＿＿）最可能是：
(A)糖尿病患者的症狀，可以透過胰島素注射
　　獲得改善
(B)糖尿病患者的症狀，無法透過胰島素注射
　　獲得改善
(C)糖尿病患者罹患阿茲海默症的機率，比一
　　般人來得低
(D)糖尿病患者罹患阿茲海默症的機率，比一
　　般人來得高

答案：D

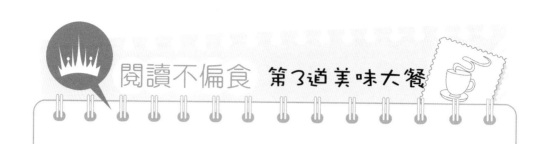
環保類文章

文章來一課（一）

　　土地一向是農人最根本的信靠，祖先留給他們的，他們據以耕植和養育子女，因此，一塊土地的好壞端看它的酸鹼程度與會否浸水而定。但由於時勢的發展，有些人已變得只關心它是不是能蓋房子，並且把他人和整個社會看成賺取的對象。當金錢成為最高目的時，耕作當然成了笑柄，誠實和辛勤不再是美德，生活當中的一些原應重視的價值棄置一旁，而貪婪的心則無限伸張。這些人表現於外的是全然的粗鄙：新建的樓房內外貼滿磁磚、壁上掛的全是民意代表贈送的匾額，濫飲聚賭，耽溺於坐享其成。傳統農村中溫厚的長者遠了，他們則儼然成了村子裡的新興士紳和道德裁判者。

　　這些事實在是很使人洩氣的。但我也知道，我該深記且應頻頻回顧的，乃是更多的那些默默為自己和下一代努力不懈的人。人的存在若有任何價值的話，並不是因為他們活著，吃喝睡覺，而後死

去，而在於他們的心中永遠保有著一個道德地帶。

（陳列〈地上歲月〉）／（97年大學學測）

解讀策略

本文的主旨是透過今昔的土地變化及農村傳統現象的改變，寄寓作者對現今社會價值觀偏異的嗟嘆。

我們可以用「摘要」及「結構分析」的策略來解讀此文，以釐清作者思路。文中陳列出今昔農村現象的差異及變化，整理如下表：

現象一	從前——土地的好壞端看它的酸鹼程度與會否浸水而定
	現在——土地的好壞只看它是否能蓋房子
現象二	從前——傳統農村中盡是溫厚的長者
	現在——取而代之的是新興階級的士紳

而作者面對這樣的困境內心其實很洩氣，但是他不忘提出爬出谷底的方法：

我該深記且應頻頻回顧的，乃是更多的那些默默為自己和下一代努力不懈的人。人的存在若有任何價值的話，並不是因為他們活著，吃喝睡覺，而後死去，而在於他們的心中永遠保有著一個道德地帶。

　　這段文字是鼓勵自己繼續保有熱情，也是文章最終想要揭示的主旨。

 試試身手

＊閱讀完上文後，選出敘述正確的選項：

(A)以往農人在乎的是土地是否適合耕種，現在所有人則只關心土地酸鹼程度與會否浸水

(B)新建樓房內外貼滿磁磚，壁上掛滿民意代表贈送的匾額，是由於當前農村經濟繁榮與文化水準的提升

(C)傳統農人保有誠實和辛勤的美德，現代農村有些人則顯得貪婪粗鄙，濫飲聚賭，耽溺於坐享其成

(D)作者認為，人的存在若有價值的話，不是因為他們的金錢、權勢，而在於他們心中永遠保有道德地帶

(E)本文反映了傳統農村價值觀的轉變，由原來的誠實辛勤專心耕作，轉變為維護正義，以期躋身新興士紳

答案：CD

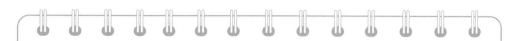

文章來一課（二）

臺灣有許多河流深情的低吟新舊生命的更新與輪迴，孕育高山與平原的歷史、文化及各族群的光輝。

……如果沒有了河流，人們仍然能活下去，但卻會變得毫無情意。

臺灣的河流在短短的三十年內，將面臨長達億年壽命的臨終時刻，這是臺灣土地歷史上最大的災難，也是生存的孽緣。許多河流在不久的將來將無法回到大海的懷抱，成為斷河。

現代人只要水不要河流，他們將不愛的留給河流拋給河川，然後以水利工程技術建堤防隔絕人河關係，建水壩和攔河堰截斷回到大海老家的路，用越域引水抽乾河水，滿足人類需水的慾求，很少人盡心盡力去整治復原河流，以免重蹈中東沙漠化的終極命運。

治療和呵護重病的河川只有一條路，那就是河禁。

在十年至二十年內儘可能禁止人類進入河川，禁止任何侵犯河流的行為，建造衛生下水道，編組河川警察，建立控制污染的追查網路和人力系統，

把砂石採集權收回國營，廣建濕地湖泊補注地下水，讓河流休養生息恢復健康。

　　不然，河流終將成為臺灣人的記憶、被遺忘的大地之歌。

（曾貴海〈河流終將成為記憶〉）／（100年大學學測）

 試試身手

一、依據引文，符合作者觀點的選項是：

(A)河流雖被破壞，人們還是能繼續生存，不會有絲毫改變

(B)河流生命的迅速枯萎，起因於地層的自然變動

(C)河流如被破壞，他所孕育的歷史文化光輝，將面臨終結

(D)河流即使被攔腰截斷，也不會影響它源遠流長

答案：C

二、依據引文，作者認為臺灣河流面臨的災難是：

(A)因為氣候暖化，將遭遇沙漠化

(B)因為經常泛濫，隔絕了人河關係

(C)因為現代人需水量大，河流將枯竭成為斷河

(D)因為現代人不要河流，河流的生態遭受破壞

答案：D

歷史文化類文章（一）

文章來一課

　　以提洛為首的腓尼基人的城市，一直飽受亞述帝國的威脅。但因擁有充沛的財物，腓尼基城市才得於亞述人的屢次席捲後倖存。自此，腓尼基人專注於交易買賣，他們的目標不是危機四伏的內陸，而是地中海，他們的貿易據點一個一個出現在地中海沿岸。西元前八一四年，提洛的公主伊莉莎逃到北非建立迦太基王國，想必是認為：與其戰戰兢兢地留在危險區域，不如到一個不受侵擾的地方繼續經營。畢竟對一個商業國家來說，能安心從事商業的環境才是最重要的。

　　希臘人與迦太基人一樣很會做生意，但狹窄的希臘無法容納因生活富裕而大增的人口，於是便展開殖民活動。地中海東邊，有強大的亞述帝國擋道，只好轉向與義大利半島相鄰的西西里島。但在西元前七世紀希臘進出西西里島東部之前，迦太基早已把該島西部視為重要的貿易基地了。這兩個民

族在此鷸蚌相爭，日後引來羅馬這個漁翁。

希臘人在島的東邊不斷擴增殖民城市，他們一旦落腳，除了做生意之外，也蓋神殿、劇場、競技場等，將希臘文化根植在那裡。迦太基人在島的西邊也有幾處地盤，但迦太基人不建設城市，因為他們厭煩佔領之後的瑣碎雜事，這些城市只是得到財富的據點，只要有進出船隻的港口、修理船隻的船塢、堆放商品的倉庫就夠了。因此希臘人不但認為迦太基人的城市無聊透頂，甚至形容他們是「為了搬運燒洗澡水的木柴而弄得灰頭土臉，卻始終沒去洗澡的驢子」。

（改寫自森本哲郎《一個通商國家的興亡》）／（99年
大學學測）

 解讀策略

（一）摘要文章

　　本文在講述善於經商的兩個民族「迦太基人」
和「希臘人」，他們如何透過遷徙、移居、殖民以
找到適切的商業活動空間。後來，這兩個民族同時
在西西里島上活動，一個以東邊為基地，一個在西
邊找據點，彼此有著不同的經營模式。藉由兩相對
照參看，以凸顯出異樣的民族性格。

（二）劃線參照

　　本文在敘述迦太基人及希臘人的商業移動時，
由於牽涉到許多相關的地理位置，為避免閱讀時的
混淆，並能夠釐清彼此關聯，參考所附地圖是必須
且重要的。

　　閱讀時，最好能保持某些靈敏度，察覺哪些是
關鍵句。關鍵句可以是結論，也可能是文中暗藏玄
機，埋有伏筆之處。以本文為例，文章中的套色部
分，便是閱讀時可以關注的重點。

現代語文的閱讀

絞盡腦汁

閱讀之後，請你想一想以下的問題：

一、希臘人和迦太基人這兩個民族有何共同之處？

參考答案：

一樣很會做生意，都有殖民運動的遷徙，都在西西里島上落腳經營。

二、對於一個商業國家而言，最重要的是什麼？

參考答案：

有可以安心經營的商業環境。

三、希臘人和迦太基人都在西西里島上殖民做生意，但這兩個民族有何差異？

參考答案：

他們對於新的殖民城市，在經營態度上大不相同。

四、文章中「這兩個民族在此鷸蚌相爭，日後引來羅馬這個漁翁。」這句話的意思是什麼？請稍加說明。

參考答案：

題目中的問句化用「鷸蚌相爭，漁翁得利」這個句子，言下之意是說希臘人和迦太基人在西

西里島上競爭的結果，最後被入侵的羅馬漁翁得利，進而遭到併吞。

五、「從文章中可判斷出，迦太基這個民族飽經風霜，亞述、希臘、羅馬都曾侵擾過他們？」以上這句話的敘述是正確，還是錯誤？

參考答案：

從文章中可判斷亞述及羅馬都曾侵擾過迦太基這個民族，但希臘則無從判斷。

 試試身手

一、依據上文，下列關於迦太基的敘述，正確的選項是：

(A)建國前飽受亞述帝國侵擾，建國後征服希臘與羅馬

(B)殖民策略捨棄當時慣用的武力侵略，改採文化收編

(C)專注於海上貿易據點的擴張與運用，藉以累積財富

(D)發揮強大的商業實力，不斷在地中海沿岸建設城市

答案：C

解題放大鏡

　　此題中的(D)選項極具誘答性，很容易讓人以為是正解，但仔細體會(D)的敘述是有邏輯上的問題。文中迦太基人是因為要擺脫亞述帝國的威脅，才離開內陸到地中海沿岸經營貿易據點，專心做生意。但(D)的說法卻是說迦太基因為商業實力強大，不斷地擴展並建設地中海沿岸城市。

二、依據上文，希臘人眼中的迦太基人是：

(A)賺取財富，卻不懂得享受

(B)被人賣了，還替人數鈔票

(C)貪婪奢侈，卻對別人一毛不拔

(D)寅吃卯糧，賺五毛錢花一塊錢

答案：A

現代語文的閱讀

歷史文化類文章（二）

文章來一課（一）

＊請閱讀下文，選出適合做為標題的選項：

　　開蘭舉人黃纘緒的老家，那傳統的三合院建築，在經濟掛帥的壓力下，一瞬間，化為醜陋的建築工地。被怪手鏟除掉的，不只是傳統的建築文化，更是一段宜蘭人驕傲的開墾歷史。

　　宜蘭舊城有條優美的護城河，曾經悠悠地流過宜蘭人的心中，豐富了宜蘭人的鄉愁記憶。河中搖曳的水草、岸邊的垂柳，曾經是宜蘭人生活中的一部分。如今，站在已掩蓋的原址，過去護城河流經的地方，只見車來車往，一片匆忙。真難想像失去河流滋潤的城市，就像乾枯的蘋果，怎會美麗得起來！

(A)除舊與布新　　　　(B)被抹去的記憶

(C)消失的宜蘭城　　　(D)宜蘭舊城風物考

(E)優美的傳統建築文化

答案：BC

（92年大學學測）

 解讀策略：分析及摘要

　　進行閱讀理解時有個重要的前提：「有多少證據，講多少話。」也就是說文本提供的材料有多少，我們能提取的資訊便有多少。你可以有自己對於文章的「假設與推論」，但不是「過度聯想」。以上述節選文章為例，它只有兩小段，首段講述開蘭舉人的古宅在時代革新下被剷除了，消失的不只是建築，還有宜蘭開墾歷史。第二段則是敘述宜蘭古城舊有的護城河，如今已成了水泥掩蓋的土地，失去河流滋潤的城市，難以美麗。從以上的資訊中，我們來審視考題，(D)選項「宜蘭舊城風物考」看起來「好像」也可以。但是，細究之下，「風物考」是指風俗文物的考證探究，文章中並未詳述到這個部分。而(E)選項「優美的傳統建築文化」呢？在文章中也只是稍微提及舉人老家為傳統建築，尚不及到「建築文化」的層次。

 文章來一課（二）

*閱讀下文，推斷作者認為進行歷史研究時，對「研究結果」最具關鍵影響力的選項是：

　　我的研究方法，總是在一個固定的時點上切一橫斷面，在下一個時點上再切一個橫斷面，然後比較這兩個橫斷面相異之處，再在其中尋求變動的主因及變化的現象。因此我這工作最重要的是選時點，而選時點則往往取決於個人的主觀意識，甚至帶有冒險性的意味，有時也可能因為原選的橫切面不恰當而導致觀察錯誤。因此，歷史研究的主觀性使歷史學無法成為精密的科學。

(A)歷史事件發生的時間　(B)研究者的選擇與判斷
(C)一套精密的科學方法　(D)冒險蒐集材料的勇氣

答案：B

（許倬雲《中國古代文化的特質》）／（97年大學學測）

✍ 解讀策略：分析及自詢

　　本文相較於上一篇以記敘為主的文章而言，著重於個人理念及觀點的闡釋。因此，論說意味較為濃厚，需要進行思考與分析。讀完文章後，有幾個值得思辨的問題可以想一想。其一：作者的研究過

程中最重要的是什麼？其二：為什麼作者說他的研究會帶有冒險的意味？其三：作者以為「歷史學無法成為精密的科學」的主要原因是什麼？當這些自我詢問的問題獲得理解之後，我們便可以概要抓出本文的主旨是：因為研究者的主觀選擇及決定，對於研究結果會產生不同的影響。

文章來一課（三）

*閱讀下文，選出敘述正確的選項：

《宣和遺事》一書把許多零散的水滸故事編綴起來，成為《水滸傳》的雛形。所謂水滸故事，大致有兩個主要的內容，一是行俠仗義，濟困扶危的故事；二是上山落草，反抗政府的故事。這些故事並非產生於同一時間，而是宋代、元代、明代都有。說書人把這些故事都編織到北宋（徽宗）宣和年間去，所以北宋的史書上就查不到有關史料。

(A)水滸故事可彌補北宋史書中缺少的史料

(B)《宣和遺事》是以《水滸傳》為底本綴輯成書

(C)《水滸傳》的素材是由不同時代的說書人匯集而成

(D)《宣和遺事》記錄北宋至明代許多俠義人物反抗政府的史事

答案：C

（改寫自史式《我是宋朝人》）／（99年大學學測）

 解讀策略：理解分析及摘要條列

　　此文閱讀時看來簡單，但是，做題目時，答案並不容易立刻出現。主要原因是：文章較為簡短，但表達的訊息不少，中間有些敘述或許省略，容易造成理解上的猜測。解讀之前必須先整理文章中的資訊：

①《宣和遺事》一書成書時間早於《水滸傳》，「宣和」是宋徽宗的年號（這層認知可以讓你自動刪除掉(D)選項）。

②「水滸故事」主要有兩種內容。

③「水滸故事」（滸：水邊之意）其實早在宋代已開始出現，在《水滸傳》成書之前，已經有許多相關的民間傳說、戲曲故事在搬演這類型素材，經過不同時期（宋、元、明）的敷演，最後看到的便是章回小說《水滸傳》的出現。

④「水滸故事」既然是經過不同朝代的累積，所以它不會產生於同一時間。只是說書人在說演故事時都說成是北宋徽宗年間發生的事，因此若要進

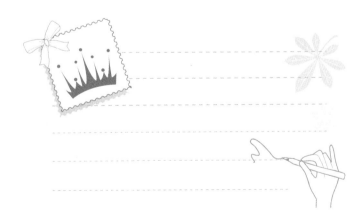

行歷史考證時，自然無法在北宋的史書上看到相關記載了。

　　閱讀進行時，可以嘗試將大腦所理解出來的資訊以條列方式整併如上，如此一來，容易讓你快速進入文章的主軸核心之中。

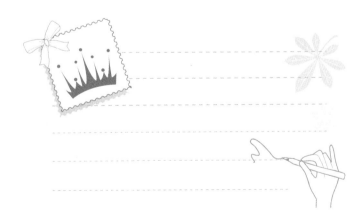

歷史文化類文章（三）

文章來一課

　　嘉靖皇帝讀罷奏疏，其震怒的情狀自然可想而知。傳說他當時把奏摺往地上一摔，嘴裡喊叫：「抓住這個人，不要讓他跑了！」旁邊的宦官為了平息皇帝的怒氣，就不慌不忙地跪奏：「萬歲不必動怒。這個人向來就有痴名，聽說他已自知必死無疑，所以他在遞上奏本以前就買好一口棺材，召集家人訣別，僕從已經嚇得通通逃散。這個人是不會逃跑的。」嘉靖聽完，長嘆一聲，又從地上撿起奏本一讀再讀。

　　嘉靖沒有給予海瑞任何懲罰，但是把奏章留中不發。他不能忘記這一奏疏，其中有那麼多的事實無可迴避，可是就從來沒有人敢在他面前那怕是提到其中的一丁點！皇帝的情緒顯得很矛盾，他有時把海瑞比做古代的忠臣比干，有時又痛罵他為「那個痛罵我的畜物」。有時他責打宮女，宮女就會在

背後偷偷的說：「他自己給海瑞罵了，就找咱們出氣！」

（黃仁宇《萬曆十五年‧海瑞──古怪的模範官僚》）／（99年大學指考）

 ## 解讀策略：理解及分析

　　此文屬於節選性質。故事內容主要是說：明代著名「諫臣」海瑞和嘉靖皇帝之間的君臣過招點滴。海瑞是個剛正且願意為公眾犧牲的父母官，照理說應該廣受歡迎才是。可是他過分遵守法律條文並且確切執行，這樣的作為終究無法被全體官員或百姓所接納，也難免招致誹謗，這就是所謂「水至清則無魚，人至察則無徒」。而他某次上呈給嘉靖皇帝的奏疏中，直指嘉靖是個虛榮、殘忍、自私、多疑且愚蠢的君主，這樣的奏章是史無前例。因為，一般臣子通常會針對國家政策提出批評，這種涉及君王個人性格的諫言，甚為少見。想當然耳，皇帝氣壞了，即使嘉靖知道海瑞的本意不是壞的。但，人之常情，嘉靖還是產生了上述文章中氣急敗壞的反應。

絞盡腦汁

一、文章中何處的文字敘述讓你看得出來嘉靖皇帝
其實明瞭海瑞的真正用意呢？

參考答案：

「嘉靖聽完，長嘆一聲，又從地上撿起奏本一
讀再讀。嘉靖沒有給予海瑞任何懲罰。」從嘉
靖願意一再翻讀海瑞的奏章，且沒有給予海瑞
處罰，可知情感上，皇帝固然氣憤；事理上，
海瑞所言是為國家社稷著想。

二、皇帝為什麼要將海瑞的奏章留著呢？

參考答案：

因為奏章所敘述的內容有許多是事實的呈現，
皇帝或許想一看再看；此外，皇帝也有可能還
在設想該如何回覆。

三、皇帝認為海瑞奏章的敘述是貼近事實？還是誇
張渲染？你從文章中的何處判斷呢？

參考答案：

貼近事實。因為文章中說：其中有那麼多的事
實無可迴避，可是就從來沒有人敢在皇帝面前
那怕是提到其中的一丁點。

四、上述文章提及：「皇帝的情緒顯得很矛盾。」
　　請問皇帝的矛盾之處是什麼？
　　參考答案：
　　皇帝的矛盾之處是他對於海瑞奏章及建言的情
　　緒反應。他有時把海瑞比做古代的忠臣比干，
　　有時又痛罵他為「那個痛罵我的畜物」。對於
　　海瑞其人與其言，皇帝真是又愛又恨。

 試試身手

＊閱讀完上文後，選出敘述正確的選項：
　(A)海瑞上奏疏前，群臣進言，大多迴避事實，
　　　多所顧忌
　(B)海瑞上給嘉靖皇帝的奏疏言人所未敢言，卻
　　　直指事實
　(C)摔奏摺、撿奏摺再三重讀的動作，刻畫嘉靖
　　　皇帝亟欲從奏疏中一一找出海瑞罪狀的憤恨
　　　心理
　(D)從嘉靖皇帝有時把海瑞比做忠臣比干，有時
　　　又痛罵他為「畜物」，可知海瑞表裡不一，
　　　行事反覆
　(E)從宮女背地裡說皇帝：「他自己給海瑞罵
　　　了，就找咱們出氣！」可知嘉靖皇帝對海瑞
　　　的指陳感到又羞又惱

　　　　　　　　　　　　　　答案：ABE

　　以上選項的敘述中，我們發現(A)、(B)是屬於直接從文章中可以提取到訊息的，而(C)、(D)、(E)則是閱讀之後，再從前後文意進行推論而得知的。(C)選項「摔奏摺、撿奏摺再三重讀的動作」這一段文字，雖然無法明確推斷嘉靖皇帝的真正心理，但從上下文意判讀，他沒有將海瑞治罪，也不斷翻讀海瑞奏章，應該不是要找出海瑞的罪狀。

　　再者，(D)選項「從嘉靖皇帝有時把海瑞比做忠臣比干，有時又痛罵他為『畜物』，可知海瑞表裡不一，行事反覆」這段文字應當是判斷嘉靖對海瑞的矛盾情緒而無法證明海瑞是否表裡不一。因此，這個選項是可以輕易刪除的。

思辨類文章（一）

　　日常生活中我們不停思考，思考之後會進行分析、判斷並加以鑑賞評價，這大略就是我們一般所謂的「思辨」過程。除了實際生活體驗所帶來的思辨之外，閱讀也是進行思辨訓練的途徑之一，藉由不同面向文章的閱讀進而帶來視野的擴充與思想的撞擊。思辨型的文章跳脫情感式抒發的書寫模式，透過觀點、概念的陳述與辨證以呈現作者的寫作意圖。

文章來一課

　　當藝術即表現時，吾人所能思考的只有表現了什麼和如何表現，表現了什麼不能脫離如何表現而存在，如何表現亦不能脫離表現了什麼而存在；表現了什麼是表現的內容，如何表現是表現的形式，是一個問題的兩面，嚴密相關而形成藝術品的整體的和諧。當吾人思考表現了什麼時無可避免地要涉及藝術美的以外的因素，包括倫理的、哲學的、社

會的種種問題，當吾人思及如何表現時則必然要思
及藝術美本身的因素，兩者之間完全不能加以割
裂。

（姚一葦《藝術的奧祕》）／（98年大學學測）

解讀策略：理解分析及圖表結構

　　本篇節選短文所講述的是關於「藝術」呈現時
的理論問題。它的主旨是說明任何藝術的呈現，最
基本的問題不外乎是「表現什麼」及「如何表現」
這兩個面向。由於作者以說理的方式進行論述，我
嘗試以實際事例來說明作者的想法。極為熱門的賣
座電影「賽德克巴萊」，它透過「電影」的形式
（如何表現），希望藉由歷史佐證及平衡觀點的方
式，呈現日治時期，因日人壓迫性的治理而引發霧
社事件的始末經過（表現什麼）。形式與內容是一
體之兩面，它們關係緊密，共同創造出藝術品的整
體合諧。

　　我們嘗試以表格的方式來爬梳整篇文章的意涵
及層次。

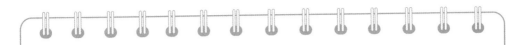
藝術的兩大面向	實際意義	屬性
表現了什麼	屬於內容部分	What
如何表現	屬於表現的形式	How

 試試身手

＊閱讀完上文後，選出最符合全文主旨的選項：

　(A)從事藝術創作，需要縝密的思維

　(B)好的藝術品，講求形式與內容的和諧

　(C)藝術品必須反映倫理、哲學、社會的種種問題，才有價值

　(D)藝術鑑賞方法雖多，但總以表現了什麼為主，如何表現次之

答案：B

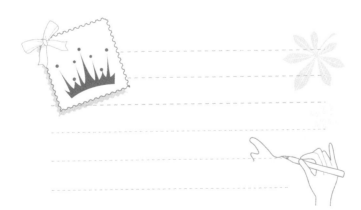

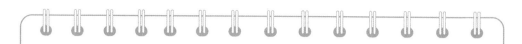

解題放大鏡

　　(A)選項在文中並未見作者提及此概念。(C)選項的敘述曲解了作者的原意，作者是說任何是藝術品的「表現內容」免不了會與社會、倫理等等這些藝術本身以外的議題有所關聯，而非藝術品必須反映倫理、哲學、社會的種種問題。(D)選項「表現了什麼」及「表現內容」兩個命題都不屬於藝術鑑賞的方法。

思辨類文章（二）

文章來一課

　　一種社會裏最可怕的不是民眾浮淺頑劣，因為民眾通常都是浮淺頑劣的。它最可怕的是沒有在浮淺卑劣的環境中而能不浮淺卑劣的人。比方英國民眾就是很沉滯頑劣的，然而在這種沉滯頑劣的社會中，偶爾跳出一二個性堅強的人，如雪萊，卡萊爾，羅素等，其特立獨行的膽與識，卻非其他民族所可多得。這是英國人力量所在的地方。路易鏗笛生曾批評日本，說它是一個沒有柏拉圖和亞理斯多德的希臘，所以不能造偉大的境界。據生物學家說，物競天擇的結果不能產生新種，須經突變（Sports）。所謂突變，是指不像同種的新裔。社會也是如此，它能否生長滋大，就看它有無突變式的分子；換句話說，就看十字街頭的矮人群中有沒有幾個大漢。

（朱光潛〈談十字街頭〉）／（96年大學指考）

解讀策略：理解及摘要

　　本篇文章是節選自朱光潛作品《給青年的十二封信》的其中一篇。主要內容是說明學術知識「從俗化」的現象。全文先指出從前士大夫喜好以清高為尚，所以力求與塵世隔絕，閉戶讀書，難免有遠離社會的疏離之嫌。現在，則力倡與現實結合，這就是所謂的從「象牙塔走向十字街頭」。

　　但是，作者又提醒人們不要忘記十字街頭的另一面：「十字街頭的空氣中究竟含有許多腐敗劑，學術思想出了象牙之塔到了十字街頭以後，一般化的結果常常不免流於俗化。」此時，秉性堅強，特立獨行分子的出現對於一個社會而言，便顯得重要而具意義。

絞盡腦汁

一、作者在另外文章曾說：「從歷史看社會進化，都是靠著幾個站在十字街頭而能向十字街頭宣戰的人，這等人的報酬不是十字架就是斷頭台。」請問上述句中的「這等人的報酬不是十字架就是斷頭台」是什麼意思？

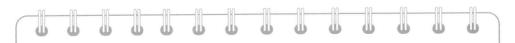

參考答案：

此言是說那些勇於在從俗的社會裡與大家想法南轅北轍的「勇士」，他們的下場往往不太好。

二、作者在文章中如何比較「英國」與「日本」這兩個國家？它們有何差異？

參考答案：

英國的社會固然沉滯頑劣，但偶有跳出一二個性堅強的人，如雪萊，卡萊爾，羅素等，使社會有了不一樣的氛圍與空氣。而日本則是缺少像這樣的大漢，無法創造偉大的境界。

三、請問就文中所言，作者認為「突變」對於一個社會有何意義？

參考答案：

因為就生物學而言，「突變」才能產生新的族裔或種類，一個社會也需要有些突變的族群，才能為社會注入新血液及新風氣。

四、就文章所言：「矮人類」與「大漢」何者是屬於「突變」的族裔？

參考答案：

大漢。

五、請問就上述文章所言，雪萊、卡萊爾、羅素、柏拉圖和亞理斯多德他們是屬於同一個概念的族群嗎？又他們屬於「矮人類」還是「大漢」呢？

參考答案：

他們都是作者以為的社會中具膽識又創新的族裔。依據特質而言，他們應該都屬於大漢。

 試試身手

＊關於下引文字，敘述 不正確 的選項是：

(A)作者認為一個社會能否向上提升，繫於這個社會有沒有卓越的大人格

(B)「矮人群」一詞喻浮淺卑劣之民眾；「大漢」一詞喻特立獨行有膽有識之人

(C)從文中的觀點來看，可知日本優於英國，因為她雖沒有柏拉圖和亞理斯多德，可是民眾並不浮淺卑劣

(D)「在浮淺卑劣的環境中而能不浮淺卑劣的人」，這種人近於顧炎武〈廉恥〉所謂：彼眾昏之日而獨醒之人

答案：C

思辨類文章（三）

文章來一課

　　許多作家我們都先讀他的作品，再讀他的小傳，梭羅對《湖濱散記》那種雋永，抒情的優美文體給我極深的印象，從觀察自然的細微抒發為文，他居住在華爾騰湖畔小屋中，過著耕讀的生活，小木屋是他自己造的，用泥粉塗抹室內，還造了壁爐以備嚴冬時取暖，他種地出售自己收成的豆子、玉米、蕃茄，維持最基本的物質生活，以達成追求精神生活的願望，梭羅極反對人為物質金錢所桎梏。

　　羅馬詩人荷瑞斯表示他最後所希望的生活是有足夠的書籍與食物以維持自己不陷入精神與物質的貧乏。人不能為金錢所腐化，成為物質的奴役，但像文學天才愛倫坡、夏特頓連溫飽都沒有，尤其是少年天才夏特頓不幸在貧病中自殺，如果天假以年，以他十七歲就能寫出最嚴謹的《仿古詩》的才華，必能將文學這片園地耕耘成繁花之園，貧病為天才敲起喪鐘，當人們追悼這位早逝的天才，輓歌

的聲調中含有無比的惋惜。

　　美國當年在新大陸開創天地，脫離君主政治的約束，並不意味絕對的自由，如果人面對生活絕境經濟上燃眉之急，一家人沒有溫飽，那是另一種生的桎梏，談不上尊嚴自由。英國詩人華茲華斯得享天年，創作源源不斷，逍遙湖上，靠友人的贈款與政府印花稅的收入得以維持生活的尊嚴，終於被戴上英國詩人的桂冠，在夏特頓與華茲華斯之間，後者更令人羨慕。

　　莎士比亞說：「富有昇平餵養懦夫，堅苦是意志之母」。但生為現代人既不能渾渾噩噩，淪為物質的奴僕，也不能為了理想不顧生計，如何選擇一個精神與物質都不貧乏的局面，不錦衣玉食，能有棲身之所，維持生計，進一步追求精神的富足，這樣的社會才能達到安居樂業的尺度。

　　（呂大明〈精神與物質〉）／（99年大學學測）

 解讀策略：理解分析及圖表結構

　　這篇文章主要說明許多作家在追求創作的極大值時，常常希望精神獲得絕對的豐富。但是，追求豐富的精神生活，是否意味著全然拒絕物質需求

呢？而精神與物質是否必然是一種「零和關係」（指雙方你死我活的絕對對立）呢？

　　作者舉證許多實例以說明缺乏基本物質的撐持，創作者是無法真正獲得超然的獨立以追求精神生活的。因此，如何達到一個精神與物質都不貧乏的局面，才能獲得真正的快樂與豐厚。

　　作者寫作此文時採用「夾敘夾議」的方式，一邊記敘不同創作者的故事時，會稍加以評論。全文舉例許多創作者如何在精神與物質擺盪中伸縮拿捏。透過不同作家的選擇，我們得以明瞭精神與物質，孰重孰輕的掌握，會產生哪些不同的結果。

（一）在精神與物質中取得平衡者：

創作者	精神與物質的選擇	結局
梭羅	自行建造屋舍，自行耕作勞動以維持最基本的物質需求	創作《湖濱散記》
羅馬詩人荷瑞斯	有足夠的書籍與食物以維持自己不陷入精神與物質的貧乏	創作膾炙人口的詩
英國詩人華茲華斯	創作源源不斷，經濟上靠友人的贈款與政府印花稅的收入得以維持生活的尊嚴	終於被戴上英國詩人的桂冠

（二）在精神與物質中有抉擇者：

創作者	精神與物質的情況
美國愛倫坡	長期陷於經濟不順遂的困難之中，後於四十歲不明原因過世
英國夏特頓	他將自己的詩作《仿古詩》偽稱是古代詩人的遺著，受到文壇攻擊，十八歲貧病服藥自殺

 絞盡腦汁

一、文中引用莎士比亞的話說：「富有昇平餵養懦夫，堅苦是意志之母。」是指物質過於豐富，容易使人怠惰，無法激勵人的意志。請你找出兩則與它概念相近似的文句。

參考答案：

靜海造不出好水手／沒有險峻的礁岩，激不起美麗的浪花／生於憂患，死於安樂。

二、《論語・里仁》篇有句話這麼說：「士志於道，而恥惡衣惡食者，不足與議也。」請嘗試翻譯它的意思？又，這句話對於「道德精神」與「物質需求」的追求，有怎麼樣的看法呢？

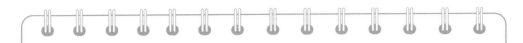

參考答案：

①翻譯：有德之士，若立志於追求聖人之道，卻以飲食穿著不好為恥辱，這樣的人是不值得與他談論道的。

②意涵：這句話是強調士人對於志道的追求應該高於物質生活的需求（此言並非是說完全忽視物質的基本需求）。

三、請問本文作者是否有對於追求「精神」與「物質」的順序提出看法？他認為應當先物質後精神，抑或是先精神後物質呢？又，你從何處找出驗證的呢？

參考答案：

有。作者認為先物質不貧乏再追求精神。文中的一段話說明了這樣的概念「如何選擇一個精神與物質都不貧乏的局面，不錦衣玉食，能有棲身之所，維持生計，進一步追求精神的富足，這樣的社會才能達到安居樂業的尺度」。

 試試身手

一、依據上文，符合作者觀點的選項是：

(A)強調有志於道而不恥惡衣惡食，才是真自由

(B)認同梭羅、華茲華斯之先得溫飽再從事創
作

(C)對荷瑞斯的看法、莎士比亞的名言均不以
為然

(D)推崇愛倫坡、夏特頓於貧困中不改其樂的
精神

答案：B

二、下列敘述，最能總括全文意旨的選項是：

(A)貧困可以淬鍊人的意志，進而充實作品的
內涵

(B)安穩的物質生活與富足的精神生活，應兼
顧並重

(C)寧可物質生活匱乏，也不能放棄精神生活
的追求

(D)生計問題容易解決，改善精神生活則有賴
長期努力

答案：B

文學理論類文章（一）

文章來一課

　　在胡適以前，白話文、新文言體和漢字拉丁化的運用，主要是為了適應政治上和教育上的需要而已。早期的社會改革者在提倡白話文的時候，從未想到要涉及到文學的範圍去，而白話小說的作者自己，亦從不把自己的作品看作中國的正統文學①。因此，胡適在白話文運動的貢獻是非常顯著的：他不但認識到白話文的教育價值，而且還是第一個肯定白話文尊嚴和它的文學價值的人②。在他看來，中國文學能有今天的成就，乃是因為在其發展過程中，不斷有通俗的作品以非正統文學姿態出現的緣故。關於這一點，他在《新青年》早期的文章裡、《白話文學史》上卷中，一再從中國詩歌、戲劇和小說的發展史中引用例子來證明③。依此看來，當時倡導白話文學，不但不會與中國文學的傳統脫節，而且還是保證這傳統繼續發展下去的唯一可靠

辦法④。

（夏志清〈文學革命〉）／（96年大學指考）

解讀策略：摘要分析及圖表結構

　　此文大意在說明白話文在中國文學發展上的意義與價值。它從原本僅是政治上和教育上的需要，蛻變成具有文學價值，這樣的轉變必須歸功於胡適的提倡與開拓。

　　本文屬於節選性質的文章，完全沒有分段，但是我們可以依據文意的發展，嘗試將文章分成四個轉折層次（如上文中①②③④的標註）。這四個小段落也就是全文重要旨趣之所在，我們以圖表結構分析如下表：

第一層	胡適之前，白話文的使用是政治和教育上的需要，從未想到文學的範疇。即使是白話小說的作者自己也不將白話文視為中國傳統文學的一支。
第二層	胡適是第一個肯定白話文尊嚴和它的文學價值的人。

第三層	胡適以為：中國文學今日的成就是發展過程中，不斷有通俗的作品以非正統文學姿態出現的緣故，而這些在詩歌、戲劇和小說的發展史中，最為常見。
第四層	結論：推展白話文學是保證中國文學傳統得以繼續發展的重要路徑。

 絞盡腦汁

一、胡適說：「中國文學今日的成就是發展過程
中，不斷有通俗的作品以非正統文學姿態出現
的緣故，而這些在詩歌、戲劇和小說的發展史
中，最為常見。」上述這段話中，胡適為何特
意就「詩歌、戲劇和小說」這幾種類別來說明
呢？

參考答案：

在「詩歌、戲劇和小說」這些類型作品中，所
使用的語言或運用的故事素材與生活關聯較
多。因此，口語化的、庶民性的語言文字容易
出現。這些通俗性、非正統性的作品滋養並豐
富了傳統文學的領域及內涵。

二、就上述文章中所言，胡適在白話文運動的貢獻

有哪些？

參考答案：

胡適認識到白話文的教育價值，而且肯定白話文尊嚴和它的文學價值。

 試試身手

＊關於下引文字，敘述正確的選項是：

(A)在胡適的觀念裡，非正統文學是豐富中國文學的重要成分，是成就中國文學的重要力量

(B)有人以為胡適是第一個提倡白話文的人，實不正確；但他的確是第一個肯定白話文的文學價值的人

(C)「不把自己的作品看作中國的正統文學」，可見白話小說的作者普遍有求變求新的精神，要在正統文學之外，自創新局

(D)所謂「主要是為了適應政治上和教育上的需要」，意指白話文、新文言體和漢字拉丁化，都更便於吸收新知、傳佈新知，有助當時中國政治與教育的改革

(E)本文旨趣在於強調當時倡導白話文學是正確的，並凸顯胡適對「文學革命」的重大貢獻

答案：ABDE

 解題放大鏡

　　上述題目中選項(A)、(E)都是直接從文章中可以提取的正確訊息，而(B)、(D)則是閱讀後進行「解釋歷程」（亦即從文章概念間進行整合訊息、詮釋概念、推論後設等過程）所獲得的解答。

　　如(B)選項說：「有人以為胡適是第一個提倡白話文的人，實不正確」這句敘述是正確的，原因是文中提及「胡適以前白話小說的作者自己，亦從不把自己的作品看作中國的正統文學」，我們根據此加以判斷，在胡適之前已經有人從事白話文學的創作了。再如(D)選項屬於推論式的理解，它的敘述能符合題幹的精神與旨趣。

現代語文的閱讀

文學理論類文章（二）

文章來一課（一）

　　寫過極短篇的人都知道它易寫難工，長久以來，這也成為此一寫作運動的瓶頸。一般人認為敘述一則故事、製造一個意外的結局，便是極短篇的典型樣貌，卻不知真正的極短篇乃是以最經濟的筆法，把動作、人物與環境呈現在單一的敘述過程中，這是一個高難度的寫作形式，也是一種講求語言容量的藝術，即使是對具有專業素養的作家都是一種挑戰。要做到尺幅千里、須彌芥子，在有限中包涵了無限，的確不容易。……金聖嘆所說的「一筆作百十來筆用」，正可以作為極短篇美學的圭臬。

　　　　（瘂弦〈極短篇美學〉）／（100年大學學測）

解讀策略：理解分析及摘要條列

　　上則短文主要在說明極短篇寫作的精髓所在。極短篇好看之處在於它於簡省的篇幅之中，展現極大的張力效果，讓讀者眼睛為之一亮，心為之嘆絕。我們嘗試爬梳摘要上述文章的重點與思維：

①極短篇的寫作是易寫難工（容易寫卻不易寫好）。

②極短篇的內蘊是以最經濟的筆法，把動作、人物與環境呈現在單一的敘述過程中。

③極短篇是講求語言容量的藝術（語言文字如何經濟簡省而具龐大的效益）。

④極短篇的特色：尺幅千里、須彌芥子、在有限中包涵無限、一筆作百十來筆用。

試試身手

一、本文認為「極短篇」最重要的特色是：

　　(A)使有限篇幅涵蘊無限旨趣

　　(B)筆法極經濟而敘事極繁複

　　(C)講究語言精練和刻畫細膩

　　(D)為故事塑造個意外的結局

　　　　　　　　　　　　答案：A

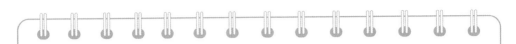

二、依據文意，下列敘述何者正確？

(A)「尺幅千里」指以大見小

(B)「須彌芥子」指以小見大

(C)「一筆作百十來筆用」是說文體多樣

(D)「美學圭臬」是說文學和藝術的標準

答案：B或D

🔍 解題放大鏡

(A)「尺幅千里」指篇幅雖短而內容豐富，(C)「一筆作百十來筆用」是說用筆經濟，一句話可以涵蓋許多意義。

文章來一課（二）

　　「文學作品是不能離開現實的，古今中外優秀的文學作品，莫不含有一種現實的因素。如果我們自承是時代的兒女，便應勇敢的接受他給予我們的使命，記錄這時代的動態，使文學作品在藝術的價值之外，更富有歷史意義、時代精神。」

（改寫自張秀亞《作品與時代》代序）／（98年大學指考）

解讀策略

　　上述短文在說明優秀的文學作品應當具有時代性，並與現實結合，能反映當時的社會樣貌與精神。而這也是文學作品除了藝術價值之外，還富有歷史價值的方式。

試試身手

*下引文字符合上文作者所說「富有歷史意義、時代精神」的選項是：

(A)戰爭坐在此哭誰／它的笑聲　曾使七萬個靈魂陷落在比睡眠還深的地帶

(B)梅雪都回到冬天去了／千山外，一輪斜月孤

明／誰是相識而猶未誕生的那再來的人呢？

(C)你的淚，化作潮聲。你把我化入你的淚中／波浪中，你的眼眸跳動著我的青春，我的暮年

(D)宣統那年的風吹著／吹著那串紅玉米／……好像整個北方／整個北方的憂鬱／都掛在那兒

(E)就讓那嬰兒　像流星那麼／胎殞罷別惦著姓氏　與乎存嗣／反正　大荒年之後　還要談戰爭／
我不如仍去當傭兵（我不如仍去當傭兵）／
我曾夫過　父過　也幾乎走到過

答案：ADE

解題放大鏡

　　從(A)、(D)、(E)三個選項可以聞嗅出時代性及當時大略的社會景況，是屬於太平盛世抑或是顛沛流離？而(B)、(C)兩選項則無法區別其間所產生的時代意義，似乎任何朝代都可能有這樣作品產生，故不選擇(B)、(C)這兩個答案。

 類文選讀

　　暢銷驚悚小說作家引起像丹‧布朗《達文西密碼》這麼大的爭議，並非第一次。麥克‧克萊頓的《旭日東昇》曾讓《紐約時報》的周日書評罕見地找來兩位評論家代表正反兩方意見，用兩全版討論了這部以1990年代日本跨國企業為題材的小說，是否會挑起仇日情結？丹‧布朗深得麥克‧克萊頓的真傳，明白真正的驚悚絕不能只是紙上談兵，一定得讓故事中的爆點延燒到真實世界，足以讓讀者懷疑自己所存在的世界，震撼了既有的規則與想像，

那才是真驚悚！

（改寫自郭強生〈驚悚與懸疑之外——揭開丹・布朗
的文字謎團〉）／（99年大學指考）

解讀放大鏡

　　文章中說：「真正的驚悚絕不能只是
紙上談兵，一定得讓故事中的爆點延燒到
真實世界，足以讓讀者懷疑自己所存在的
世界，震撼了既有的規則與想像，那才是
真驚悚！」這樣的觀點是不是和張秀亞所
言的「古今中外優秀的文學作品，莫不含
有一種現實的因素。」相貼合呢？

作家故事類文章

文章來一課（一）

托爾斯泰是一位伯爵，擁有很大很大的農莊，但是在他的作品《復活》中，他重新回顧成長過程中身為貴族的沉淪，以及擁有土地和農奴帶給他的不安與焦慮，他決定出走。我認為托爾斯泰最偉大的作品不是《復活》也不是《戰爭與和平》，而是在他垂垂老矣時，寫的一封給俄國沙皇的信。信中，他沒有稱沙皇為皇帝，而是稱他為「親愛的兄弟」，他寫到：「我決定放棄我的爵位，我決定放棄我的土地，我決定讓土地上所有的農奴恢復自由人的身分。」那天晚上把信寄出去之後，他收了幾件衣服，拎著簡單的包袱，出走了。最後他死於一個名不見經傳的小火車站，旁人只知道一個老人倒在月台上，不知道他就是大文豪托爾斯泰。

（蔣勳《孤獨六講・革命孤獨》）／（97年大學指考）

解讀策略：分析摘要與圖表結構

　　這是一段帶有傳記性質的作家介紹文字，我們可以從中整理出幾則它所透露關於主角托爾斯泰的重要訊息：

① 托爾斯泰除了作家的身分之外，也是個具有貴族身分的伯爵。

② 托爾斯泰在其名作《復活》中呈現出自身於成長過程中對於身為貴族的沉淪，以及擁有土地和農奴的種種不安與焦慮，所以他決定出走。

③ 蔣勳以為：托爾斯泰最偉大的作品不是《復活》也不是《戰爭與和平》，而是在他垂垂老矣時，寫給俄國沙皇的一封信。

④ 托爾斯泰在給沙皇的信中有幾項特點足以表現他個人性格及理念：

　其一：他不稱沙皇為皇帝，而是稱他為「親愛的兄弟」，展現他破除階層的想法。

　其二：他告訴沙皇要放棄他貴族身分所擁有的一切財富與特權，並且希望解放農奴。

 絞盡腦汁

＊請問作者蔣勳所寫的這篇關於托爾斯泰小故事的

文章，將它歸類於〈革命孤獨〉的主題（蔣勳
《孤獨六講》一書共談及情慾孤獨、語言孤獨、
革命孤獨、思維孤獨、倫理孤獨、暴力孤獨），
請你就上述文章內容想一想並判斷，為何蔣勳將
它歸於〈革命孤獨〉呢？

參考答案：

托爾斯泰的伯爵身分讓他意識到貴族階層對廣大
農民百姓剝削的無情，這讓他感到不安與難過。
他選擇出走及寫信給沙皇，看起來是對當時體制
的「革命」與怒吼，其實也是對自己心靈聲音的
「革命」。

 試試身手

*上文中，作者認為托爾斯泰給沙皇的信之所以偉
　大，是因為：
　(A)托爾斯泰體認民貴君輕，實踐民主思維
　(B)托爾斯泰目睹貧富差距，慷慨捐財助人
　(C)托爾斯泰揭露民生困苦，喚起社會關注
　(D)托爾斯泰展現悲憫情懷，追求人間公義

答案：D

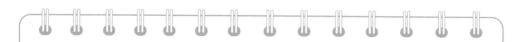
文章來一課（二）

　　三十年代的時候，魯迅曾與梁實秋展開多次筆戰。有一回，梁實秋說魯迅把一切主義都褒貶得一文不值。魯迅則反駁：「你究竟在說『褒』還是在說『貶』？褒就是褒，貶就是貶，什麼叫做褒貶得一文不值？」梁實秋無詞以對，只是解釋回應說，按北京人的用法，褒貶就是指貶。當年這場筆戰似乎魯迅佔了上風，然而陳之藩總無法信服魯迅之說，卻也說不出具體的理由。後來在香港，一位四川籍教授給他看一幅鄧小平的題字：「歷盡劫波兄弟在，相逢一笑泯恩仇」，落款有「錄魯迅詩」字樣，陳不禁為之大笑，原來他發現魯迅自己也有與梁實秋類似的用法，陳之藩因而評論魯迅：泯恩仇指的當然是泯「仇」，「恩」為什麼要泯它呢？

（改寫自陳之藩《一星如月‧褒貶與恩仇》）／（95年大學學測）

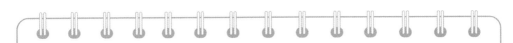

解讀策略

　　上述文章是記載一段魯迅與梁實秋的筆戰趣事，兩人運用中國文字專屬的「偏義複詞」進行一場機鋒交戰。魯迅攻擊梁實秋使用詞語不精確，是「褒」？是「貶」？講不清楚。其實梁實秋的回答就是解釋了偏義複詞的用法。沒料到多年後陳之藩意外發現，魯迅自己也使用了偏義複詞的用法「一笑泯恩仇」。

試試身手

＊關於下引文字，敘述正確的選項是：
　(A)梁實秋心知魯迅的反駁是對的，所以無詞以　對
　(B)陳之藩評論魯迅，可謂是「以其人之道，還　治其人之身」
　(C)鄧小平題字，頗有希望魯、梁二人筆戰「一　笑泯恩仇」之意
　(D)魯迅事後自覺強詞奪理，所以作詩有「兄弟　在」、「泯恩仇」之語

答案：B

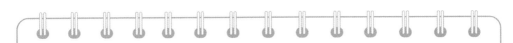
現代語文的閱讀

現代語文的閱讀

作品故事類文章

　　凡選本，往往能比所選各家的全集更流行，更有作用。冊數不多，而包羅諸作，固然也是一種原因，但還在近則由選者的名位，遠則憑古人之威靈，讀者想要從一個有名的選家，窺見許多有名作家的作品。所以《昭明太子集》只賸一點輯本了，《昭明文選》卻在的；讀《古文辭類纂》者多，讀《惜抱軒全集》的卻少。……選本可以藉古人的文章，寓自己的意見。博覽群籍，採其合於自己意見的為一集，一法也，如《昭明文選》是。擇取一書，刪其不合於自己意見的為一新書，又一法也，如《唐人萬首絕句選》是。……讀者閱讀選本之後，自以為是由此可以得了古人文筆的精華，殊不知卻被選者給縮小了眼界，即以《昭明文選》為例罷，沒有嵇康〈家誡〉，使讀者只覺得他是一個憤世嫉俗，好像無端活得不快活的怪人；不收陶潛〈閑情賦〉，掩去了他也是一個既取民間〈子夜歌〉意，而又拒以聖道的迂士。選本既經選者所濾

 解讀策略

（一）摘要文章

　　此文主要的大意是在說明：不少人喜歡閱讀作者的「選本」集子，以為這樣的方式，是在最經濟的時間之內，汲取該作家日月精華的最佳途徑。但是本文作者魯迅對這樣現象不以為然，因為讀者的眼界或廣度全部被選者（選文章之人）給限縮了。選者認為好的就餵給你吃，不好的就自動刪除。於是，選者的價值觀成了讀者的價值觀，讀者缺少了個人的、獨特的判斷能力。而選者所揀擇的到底是精華還是糟粕，恐怕也讓人懷疑！（註：喫，音ㄔ，同「吃」。糟、醨（音ㄌㄧˊ）是釀酒後剩餘的淺渣用以形容無用之物）

（二）圖表結構

　　本文雖是白話文，但在閱讀此文時，偶爾會有不甚流暢之感。這是因為此文是民國早期的語體文，而語言本來就會隨著時代而產生變化。

　　本文中出現不少作者及著作名稱，若您未曾學過，一遇到時，難免緊張。但是我們發現，知不知

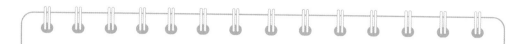

道這些著作名稱並不影響理解全文的線索，因為這些作品及人名是魯迅用來說明他個人論點「讀選本容易被限縮視野」的證據。我們嘗試將全文的文意脈絡整理如下表：

現象一：選本，往往能比所選各家的全集更流行，更有作用。
證據一：《昭明太子集》只賸一點輯本了，《昭明文選》還在。（此二書是南朝梁昭明太子之作，前者是他的著作，後者是他揀擇名家的選本）
證據二：讀《古文辭類纂》者多，讀《惜抱軒全集》的卻少。（此二書作者是清初桐城派大師姚鼐，前者是姚鼐所編選的一部古文選本，後者是他的個人著作）
選本的組成有二： 其 一：博覽群籍，採其合於自己意見的為一集，一法也，如《昭明文選》。 其 二：擇取一書，刪其不合於自己意見的，為一新書，又一法也，如《唐人萬首絕句選》。
現象二：閱讀選本的結果：以為是可以藉此得了古人文筆的精華，殊不知卻被選者給縮小了眼界。

> 證據一： 《昭明文選》中未選入嵇康〈家誡〉，讓人覺
> 得嵇康好像只是個憤世嫉俗，桀驁不馴的人而
> 已。（〈家誡〉中嵇康謹慎誠摯地告誡其子處
> 事應對之要）
>
> 證據二： 《昭明文選》中未選入陶淵明的〈閑情賦〉讓
> 人不識陶淵明的另一面。（〈閑情賦〉旨在抒
> 發兒女情懷，追求思慕美人，展現情感是大膽
> 而熱烈）

 絞盡腦汁

＊魯迅在文章最後說：「選本既經選者所濾過，就
總只能喫他所給與的糟或醨。」請問句中的「糟
或醨」是指什麼？又，為什麼魯迅會將選本視為
「糟或醨」呢？

參考答案：

「糟或醨（音ㄌㄧˊ）」是糟粕與薄酒，用來指
稱品質不佳或較為劣等的東西。魯迅以為，選本
既然是經過選家的篩選與揀擇，精華之處已被選
家吸納，留下的或許只是糟粕了。

試試身手

＊依據上文，下列敘述正確的選項是：

(A)《昭明太子集》、《惜抱軒全集》、《古文辭類纂》都是全集

(B)文中認為選集取精用宏，讀者不必詳讀全集，只要選讀好的選集即可

(C)由文中敘述可知：〈家誡〉的內容正足以證明嵇康是個憤世嫉俗的人

(D)文中認為選集常因編選者的任意去取，導致讀者對作家的認知偏狹而不夠全面

(E)文中認為選集往往比全集流行，原因之一是讀者想藉由編選者的眼光閱讀歷代名作

答案：DE

哲學類文章

文章來一課（一）

　　生命無常、人生易老本是古往今來一個普遍命題，魏晉詩篇中這一永恆命題的詠嘆之所以具有如此感人的審美魅力而千古傳誦，也是與這種思緒感情中所包含的具體時代內容不可分的。從黃巾起義前後起，整個社會日漸動蕩，接著便是戰禍不已，疾疫流行，死亡枕藉，連大批的上層貴族也在所不免。「徐（幹）、陳（琳）、應（瑒）、劉（楨），一時俱逝」（曹丕〈與吳質書〉），榮華富貴，頃刻喪落，⋯⋯。既然如此，而上述既定的傳統、事物、功業、學問、信仰又並不怎麼可信可靠，大都是從外面強加給人們的，那麼個人存在的意義和價值就突出出來了，如何有意義地自覺地充分把握住這短促而多苦難的人生，使之更為豐富滿足，便突出出來了。它實質上標誌著一種人的覺醒，即在懷疑和否定舊有傳統標準和信仰價值的條件下，人對自己生命、意義、命運的重新發現、思

索、把握和追求。

（李澤厚《美的歷程》）／（99年大學學測）

 解讀策略：理解分析及摘要條列

　　學習的進行過程通常是具有部分先備的「知識」基礎，以這個基礎為出發，再對外在事物進行「理解」、「分析」與「綜合應用」，而這樣的歷程也可以用來說明閱讀的進行。以上述文章為例，提及「魏晉南北朝」、「建安七子」來作為論述時的例證，雖然並未針對這兩個名詞多所解釋，可是我們腦海裡立刻閃過的知識影像是「魏晉南北朝是個動盪不安、戰禍頻頻的時代」，而「建安七子中的幾人是死於一場大疾疫之中」，這樣的先備知識可以協助我們理解這篇文章的旨趣及意義。

　　閱讀完上述文章後，我們發現作者主要想傳達的是在面對無常的生命、遭遇舊有價值觀崩散之際，人們會做什麼決定？此時思考探索個人生命的真正意義與價值的作法便出現了。我們嘗試理解全文之後，將作者的想法爬梳摘要如下：

①魏晉詩篇中最常出現的命題「生命無常、人生易老」，它之所以具有感人的魅力，與它的具體時代內容有所關連（也就是魏晉動盪的社會讓人感

受生命無常、倏忽即逝，既然一切不可知、無法測，於是轉而追求人的內在並活在當下成了當時流行的生活形式）。

②東漢末年以來，社會動盪，戰禍不已，疾疫流行，死亡枕藉，連上階層的貴族也逃不了這樣災禍，於是戰爭災禍、生命倏忽成了這個時代的人的共同感受（連建安七子也遭受疫疾而亡）。

③既定的傳統、事物、功業、學問、信仰等外在事物並不能保證人能遠離無常與死亡的進逼，王公貴族或乞丐小兒的無常機率是相近的，於是人們開始探索人的內在意義及價值。

④人到底要如何有意義地、自覺地充分把握住這短促而多苦難的人生，讓它更為豐富滿足呢？這便是魏晉時期社會上普遍存在的一種認知與追求趨向。

 絞盡腦汁

一、作者引用曹丕〈與吳質書〉中的一句話：「徐（幹）、陳（琳）、應（瑒）、劉（楨），一時俱逝」，他的用意是什麼？

參考答案：

徐幹、陳琳、應瑒、劉楨等人是建安七子，竟

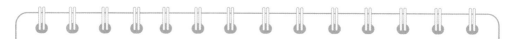

也在一場疫疾中死亡，讓人意識到生死的匆促及無情是不揀擇任何對象的。作者舉證此例來說明生命無常是普遍的現象。

二、請你從文章中找出作者對於「人的覺醒」的定義是什麼？

參考答案：

人們懷疑和否定舊有傳統標準和信仰價值，並開始對自己生命、意義、命運的重新發現、思索、把握和追求。

 試試身手

＊閱讀完上述文章後，請選出敘述正確的選項：

(A)生命無常、人生易老的命題，於魏晉詩篇中首開其端

(B)魏晉詩人處於戰禍不已、疫疾流行的年代，更能感受生命的短暫與脆弱

(C)魏晉詩篇的美感魅力，來自即使自知生命微渺，仍積極尋求生命豐富滿足之道

(D)由於無法再以外在的功名事業肯定自己，使魏晉詩人進一步探索個人存在的意義

(E)既定的傳統和信仰全被否定，新的存在價值

又尚未建立，遂使魏晉詩人流於荒誕頹廢

答案：BCD

 ## 文章來一課（二）

　　人生的意義全是各人自己尋出來、造出來的：高尚、卑劣、清貴、污濁、有用、無用……，全靠自己的作為。生命本身不過是一件生物學的事實，有什麼意義可說？生一個人與一隻貓，一隻狗，有什麼分別？人生的意義不在於何以有生，而在於自己怎樣生活。你若情願把這六尺之軀葬送在白晝作夢之上，那就是你這一生的意義。你若發憤振作起來，決心去尋求生命的意義，去創造自己的生命的意義，那麼，你活一日便有一日的意義，做一事便添一事的意義，生命無窮，生命的意義也無窮了。

（胡適〈人生有何意義〉）／（100年大學學測）

解讀策略：理解分析與摘要條列

　　閱讀完上述文章後，我們嘗試摘要爬梳作者的意念及想法：

①人生的意義全是各人自己創造出來。你要高尚、清貴、有用、無用的生命，都取決於自己的作為。

②生命本身不過是一件生物學的事實，生一個人與一隻貓，一隻狗，並無分別？人生的意義不在於何以有生，而在於自己怎樣生活。

 試試身手

＊閱讀上文後，選出正確的選項：

(A)作者主張眾生平等，人和貓狗沒有分別

(B)作者認為「白晝作夢」也是生命的意義

(C)「自己怎樣生活」是人生有無意義的關鍵

(D)「生命無窮」是指人生有許多意外的遭遇

(E)作者勸人創造自己生命的意義，無論是卑劣或污濁

答案：C

古籍經典的閱讀

　　此單元所挑選的文章都以文言
文書寫。內容以介紹諸子百家思
想、重要古籍經典、文學名家作品
為主，讓人細細品味古老智慧的精
粹。此外還特意挑選一些趣味小品
及思辨命題，讓讀者明瞭文言文並
非全是論說朝政典章、家國社會、
感懷憂時的內容。其實，以前人也
有喜、怒、哀、樂的情緒；也有
柴、米、油、鹽、醬、醋、茶的瑣
碎生活。古典文學中亦是飽含富有
興味的思想歷程及生活諧趣。

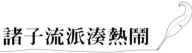

諸子流派湊熱鬧

閒話家常

　　春秋戰國時期天子主權衰落，諸侯爭霸，政治、社會、經濟等層面產生劇變。西周時所建立的禮樂典章制度到此時崩壞無存。許多知識分子或有志之士針對社會現象、人生出入等課題，提出了個人見解及解決之道。於是，所謂的諸子學說便應運而生。

　　關於諸子流派學說的綜論與介紹在《莊子‧天下篇》、《荀子‧非十二子篇》、西漢劉安《淮南子‧要略篇》、西漢司馬談的〈論六家要旨〉、東漢班固《漢書‧藝文志‧諸子略序》等作品中皆可見。此單元我們要來看〈論六家要旨〉和《漢書‧藝文志‧諸子略序》兩文中共同提及的諸子流派，它們有何相同或相異的看法呢？請注意司馬談是司馬遷的父親，西漢人；班固，東漢作家。時代背景與社會文化是否會影響時人或學者對於諸子各家的看法呢？以下比較司馬談與班固兩人對於「儒、

古籍經典的閱讀

道、墨、法」四家學說之看法。

一、 司馬談〈論六家要旨〉

　　儒者博而寡要（學問廣博而無法抓住要點），勞而少功（勞累而缺少成效），是以其事難盡從；然其序君臣、父子之禮，列夫婦、長幼之別，不可易也。

　　墨者儉而難遵（太講究節儉，很難遵循），是以其事不可遍循（完全盡用）；然其彊（通「強」）本節用，不可廢也。

　　法家嚴而少恩（科律嚴苛而少惠澤）；然其正君臣、上下之分，不可改矣。

　　道家使人精神專一，動合無形，贍足萬物（滿足萬物的需求）。其為術也，因（順著）陰陽之大順，采（採）儒墨之善，撮名法之要，與時遷移，應物變化（隨萬物而變化）。立俗施事（建立風格辦理諸事），無所不宜；指約而易操（要旨簡易，容易掌握），事少而功多。

 ## 文字圖表化

流派	精神與方法	缺點	結果	效用
儒家	博／勞	博而寡要，勞而少功	其事難盡從	能夠序君臣、父子之禮；列夫婦、長幼之別
墨家	儉（儉約）	儉而難遵	其事不可遍循	能夠彊本節用
法家	嚴（嚴苛）	嚴而少恩		能夠正君臣、上下之分，不可改矣
道家	因陰陽之大順，采儒墨之善，撮名法之要，與時遷移，應物變化		使人精神專一，動合無形，贍足萬物	立俗施事，無所不宜；指約而易操，事少而功多

想想看：從司馬談的文字中是否看得出來他對四個流派的高低品評呢？

古籍經典的閱讀

二、  班固《漢書・藝文志・諸子略序》

　　儒家者流，蓋出於司徒之官（掌管教育的官）。助人君，順陰陽，明教化者也。游文於六藝之中，留意於仁義之際。祖述（繼承）堯、舜，憲章（仿效）文、武，宗師仲尼，以重其言（加重他們言論的分量），於道最為高（在諸子之中地位最高）。孔子曰：「如有所譽，其有所試。」（要說真正有稱讚過誰，那也都試驗過了）唐、虞之隆，殷、周之盛，仲尼之業，已試之效者也。然惑者既失精微，而辟者（歪斜之人）又隨時抑揚，違離道本，苟以譁眾取寵，後進循之，是以五經乖析（乖張分離），儒學浸衰；此辟儒之患。

　　道家者流，蓋出於史官（掌管歷史之官）。歷記成敗、存亡、禍福、古今之道。然後知秉要執本，清虛以自守，卑弱以自持，此君人（國君）南面之術（稱王的方法）也。合於堯之克攘（能讓），易（易經）之嗛嗛（同「謙謙」），一謙而四益，此其所長也。及放者為之，則欲絕去禮學，兼棄仁義，曰獨任清虛，可以為治。

　　法家者流，蓋出於理官（掌管司法之官）。信賞必罰，以輔禮制。易曰：「先王以明罰飭法。」

此其所長也。及刻者（刻薄之人）為之，則無教化，去仁愛，專任刑法，而欲以致治；至於殘害至親，傷恩薄厚。

墨家者流，蓋出於清廟之守（看守宗廟的官）。茅屋采（柞木）椽（音ㄔㄨㄢˊ，棟柱），是以貴儉；養三老、五更（善待老者），是以兼愛；選士大射（天子有選士和大射的制度），是以尚賢；宗祀嚴父，是以右鬼（尊敬鬼神，以右為貴）；順四時而行，是以非命（否定宿命說法）；以孝視天下，是以尚同；此其所長也，及蔽者為之，見儉之利，因以非禮，推兼愛之意，而不知別親疏。

想想看：班固將各個流派與古代官職相配（有學者對此說懷疑），並說明它們的效能與優點。然後再指出後繼者或使用者因為未能善用其長處，而讓它有褊狹之處。班固與司馬談的論述方式，何者較為客觀公允呢？為什麼？

古籍經典的閱讀

 試試身手

一、下引各文句，據文意判斷其學派歸屬，排列順
　　序正確的選項是：

　　甲、聖人之心靜乎，天地之鑑也，萬物之鏡
　　　　也。夫虛靜恬淡、寂寞無為者，天地之平
　　　　而道德之至。

　　乙、於此有人焉，入則孝，出則悌，守先王之
　　　　道，以待後之學者，而不得食於子。子何
　　　　尊梓匠輪輿而輕為仁義者哉？

　　丙、去規矩而妄意度，奚仲不能成一輪；廢尺
　　　　寸而差短長，王爾不能半中。使中主守法
　　　　術，拙匠守規矩尺寸，則萬不失矣。（奚
　　　　仲、王爾：兩位古代巧匠）

　　(A)道家／儒家／法家
　　(B)儒家／墨家／法家
　　(C)道家／法家／墨家
　　(D)儒家／墨家／道家

　　　　　　　　　　　　　　　　　答案：A

　　　　　　　　　　　　　　　　（98年大學指考）

二、閱讀下列先秦諸子對於「聖人」的描述，推斷
　　甲、乙、丙、丁依序應為哪一家所提？

甲、聖人不行而知，不見而名，不為而成。

乙、聖人之治民也，法與時移而禁與能變。

丙、聖人積思慮，習偽故，以生禮義而起法度。

丁、聖人之所以濟事成功，垂名於後世者，無他故異物焉，曰唯能以尚同為政者也。

(A)道家／法家／儒家／墨家

(B)儒家／道家／墨家／法家

(C)道家／墨家／法家／儒家

(D)儒家／法家／墨家／道家

答案：A

（99年大學指考）

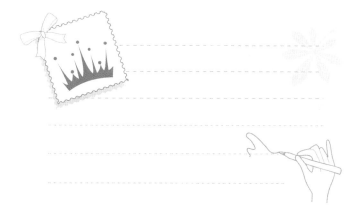

古籍經典的閱讀

儒家幫幫忙

 閒話家常

我們常提及的先秦諸子學說，正式成為某種流派並且為人討論者是九流十家：「儒、道、墨、法、名、陰陽、縱橫、農、雜、小說」（「九流十家」一稱出自東漢班固《漢書‧藝文志‧諸子略序》）。其中小說家被視為不夠資格入流，所以九流十家事實上一共指稱十個學派。

十家當中出現較早的是「儒家」。它在春秋末期首先崛起，經歷兩千多年時空的轉變震盪，直至今日，能繼續成為文化思想的主流，其實是依賴著社會背景的外緣因素及自身核心概念的內部因素，兩者互相交融而成就的。

先秦儒家是以道德教化為先，重視倫理的學派。孔子在教育學生時，就是以養成完全人格為主要目標，他曾告訴子夏：「*汝為君子儒，毋為小人儒。*」「儒」原本是學者的通稱，但是，學者不

盡然都具有良好的品德，所以孔子勉勵學生要成為君子儒。他又說：「志於道，據於德，依於仁，游於藝。」、「弟子入則孝，入則弟，謹而信，汎愛眾，行有餘力，則以學文。」可見道德品行的培養優先於知識學問的學習，是孔子的教育觀。自此之後，孔子之學派成為儒家。

儒家重視德行與教化的觀念，潛移默化地影響華人社會的價值觀。我們孝順父母、敬老愛人、重視群體、樂於助人……這些特質，都是受到儒家的核心概念「仁、義、禮」三者的薰染而成。仁是儒家倫理思想的核心，是孔子學說的要旨。而它的內涵簡而言之就是「愛人」，意指人在獨善之後，還能兼善他人，他如：忠、孝、直、恕、惠、諒……等特質都是屬於「仁」的範疇。

先秦之後的儒家，因應不同時期的社會環境，而雜揉了不同因子進入。像漢代的陰陽讖緯之說，唐代佛道思想盛行，進入宋明之後受理學影響而形成的新儒家，凡此種種都給儒家有了新的刺激與養分，也給儒家帶來一定的衝擊與擺盪。

如果我們將先秦諸子學說放在同一道光譜上比較，楊朱極度為我的利己行為與墨家兼愛的利他行為，可視為光譜上的兩個極端。這兩種理念就人性

而言，無法持久不墜。儒家的中庸之道，推己之後再及於他人，比較符合人性與社會的推展。因此在諸多因素條件的盱衡比較之下，儒家得以脫穎而出。

對於任何知識學問，我們都應該要以正反思辨的角度來看待，儒家有它的正向價值，也一定有負面評價。要不然在魏晉南北朝動盪的時代中，玄學如何能取代儒家而成為風尚？儒家是否有不合時宜之處呢？另一方面，中國大陸在文化大革命的期間，批鬥儒家，批判孔子。但近幾年，他們又開始注重儒家文化，是否因為意識到人力道德素質的不足而決定從教化開始進行提升呢？是否也認可儒家教育的正面價值呢？

人世間許多觀念、價值的取決，常常是相對的而非絕對的，透過盱衡比較，存在的價值能更為明確。有時單一的、絕對的概念易受到批駁而無法穩立，儒家在時空的更迭中，幾經曲折周轉，所呈現的是一種相對性的存在價值。

 試試身手

一、儒家著重德行、理想的追求，反對物質生活的耽溺，下列論語引文中，並非陳述此種意旨的

選項是：

(A)君子憂道不憂貧

(B)士而懷居，不足以為士矣（讀書人若以在家中安居享受為樂事，不足以稱為讀書人）

(C)奢則不孫，儉則固；與其不孫也，寧固

(D)士志於道，而恥惡衣惡食者，未足與議也。

答案：C

（94年大學學測）

二、儒家認為一個人的外在行止不唯與其內在修養相符相應、相生相成，抑且是禮義之道的開端，所以儒家極重視外在行止的講求。下列文句表現儒家此種觀點的選項是：

(A)外貌斯須不莊不敬，而易慢之心入之矣（外貌只要短暫的不莊重，怠慢之意便會潛伏進入心中）

(B)禮義之始，在於正容體，齊顏色，順辭令

(C)學有所得，不必在談經論道間，當於行事動容周旋中禮者得之

(D)臨民之時，容止可觀（面對人民的時候，

儀態令人欣賞），進退可度，語言和謹，處事安詳，則不失其禮體矣

(E)君子所貴乎道者三：動容貌，斯遠暴慢矣；正顏色，斯近信矣；出辭氣，斯遠鄙倍矣（講話言詞典雅，自然能遠離低俗無禮之人。鄙倍：鄙是「陋」，倍是「背」）

答案：全

（94年大學學測）

三、孔子認為，良好的道德修養具有普世價值，不受族群、地域的局限。下列《論語》文句，強調此一道理的選項是：

(A)天下有道則見，無道則隱

(B)言忠信，行篤敬，雖蠻貊之邦行矣

(C)十室之邑，必有忠信如丘者焉，不如丘之好學也

(D)君子敬而無失，與人恭而有禮，四海之內皆兄弟也

(E)孔子於鄉黨，恂恂如也，似不能言者；其在宗廟朝廷，便便言，唯謹爾

答案：BD

（96年大學學測）

四、儒家思想，一脈相傳。下列前後文句意義相近的選項是：

(A)己所不欲，勿施於人／施諸己而不願，亦勿施於人

(B)以不教民戰，是謂棄之／不教民而用之，謂殃民

(C)仁者先難而後獲／勞苦之事則爭先之，饒樂之事則能讓（仁者對於艱難之事會在眾人之前先去做，而享樂收穫則居於眾人之後）

(D)言必信，行必果，硜硜然小人哉／大人者，言不必信，行不必果（硜硜，音ㄎㄥㄎㄥ，形容堅硬頑固的樣子）

(E)始作俑者，其無後乎／率獸而食人，惡在其為民父母也

答案：ABCD或全

（100年大學學測）

穿越時空見孔子

 閒話家常

　　經歷過臺灣教育體制洗禮的人對於儒家、孔子及《論語》一定不會陌生。儒家思想更是被譽為兩千多年來社會文化的主要價值。但是，這些書籍上的文字是否能進入現實體系裡呢？又，它跟我們日常生活又有何關聯呢？

　　儒家重視道德甚於知識的思維，的確是深深地在社會留下影響。我們常強調「人品」應重於「知識與學歷」就是一例，而這在《論語》中又處處可見，如：「弟子入則孝，出則弟，謹而信，汎愛眾，而親仁，行有餘力則以學文。」、「吾日三省吾身：為人謀，而不忠乎？與朋友交，而不信乎？」上面的文句都認為人們當先修持好個人的行為之後，再進行知識學問的追求。

　　此外，華人社會重視群體甚於個人，講禮義，談忠孝，重信諾，樂謙讓，有憐憫、惻隱之心等

等……，這些特質也都可以在儒家經典中，尋找到共鳴文句。例如《論語》一書中：孝順→「父母在，不遠遊，遊必有方。」、「父母之年不可不知，一則以喜，一則以憂」；交友→「益者三友，友直、友諒、友多聞」、「見賢思齊，見不賢內自省」……，這些文字經過日積月累漸次內化在人們的心中，而後再成為形之於外的行為表現。凡此種種無形的思想所構成的文化體制與模式，便可以稱為「儒家傳統禮教」（以仁義禮為核心所建構的儒家教化系統）。

提到儒家，孔子是最重要的指標人物，他個人一生周折的歷程，正是體驗儒家精神的寫照。而《論語》也應該是多數人認識孔子的起步，不過由於它是語錄體的形式，只透過簡短的句子或對話呈現，並不容易真正明白理解孔子或儒家的全盤思想及軸心。因此，若能先對儒家或孔子的背景知識有所認知，閱讀《論語》時會比較簡單。例如：《論語》中曾有幾次出現隱士之人，他們是孔子周遊列國時在路途中所遇到的。如果我們明白了孔子周遊的十多年之間，其實是鬱鬱寡歡不得志的，便能理解這些隱士和孔子及門人談話的用意。如：長沮與桀溺曾說：「滔滔者，天下皆是也，而誰以易之？

且而與其從辟人之士也，豈若從辟世之士哉？」便是對孔子堅持淑世（改善社會）的入世思想不以為然的表現。孔子周遊列國的目的是希望能找到可以實踐他政治理想的國家。可是多年後依然沒有找到知音者，於是便有感而發的說：「道不行，乘桴（音ㄈㄨˊ，木筏）浮於海，從我（跟隨我的人）者，其由（子路）與！」上述兩則小故事都是發生在孔子周遊列國的時期。因此，如果能有一些先備知識，讀起《論語》會輕鬆得多且容易獲得共鳴。

以下稍事整理孔子的生平如表格所列，以便釐清概念。其中，關於年紀的斷限和其他書籍說法或者稍有出入，像孔子周遊列國開始時，應該算是五十四歲或五十五歲呢？由於這並非理解時的主要重點，因此在此不予爭論。

孔子的生平

出生至十五歲	孔子,名丘,字仲尼。春秋時魯國人,父親為叔梁紇,母親為顏徵在。父母年紀差距大,被稱為「野合之子」。孔子曾說:「吾少也,賤,故多能鄙事。」
十五~三十歲	學習有成,三十歲打破當時的階級門戶之見,開始授徒講學,讓平民老百姓也能像貴族一樣接受教育。
三十~五十歲	沉潛教學,傳道授業解惑。辦學名聲遠播,也成為魯國知名的博學之人,不少人包含王公貴族,從政者都來請益。
五十一~五十四歲 於魯國被重用當官,達到政治生涯的高峰	孔子五十一歲開始有機會在魯國從政,職位一路攀升。此時孔子仕途開展,受魯定公、季氏大夫重用,三年內從中都宰一路升到大司寇。參與重要的國際會議「夾谷之會」,並墮三都,將魯國一些權臣貴族的勢力剷除,後因為遭遇反彈而下臺。

五十五～ 六十八歲 周遊列國時期	孔子五十五歲時，魯國大治。齊人贈女樂八十人至魯，魯國君竟連續三日不朝。孔子沮喪之餘便離開魯國，前往衛國（第一站），開始他十四年的周遊列國之旅。他走過的地方有衛、曹、宋、陳、蔡……等，這些國家大概不出今日中國山東、河南兩省的範圍。當時由於大國間疲於爭霸兼併，小國苟且偷安，在利益為主的考量下，孔子期待明君推行仁政的理想，終究落空。
六十八～ 七十三歲 返魯整理古籍 並教育子弟	後來，孔子自衛國返回魯國曲阜故居後，把精力集中到辦教育與整理古代文獻典籍上，刪詩、書，訂禮、樂，贊周易，作春秋。這階段他的學生也很多，並培養出了子夏、子遊、子張、曾參等才華出眾的弟子。

　　孔子一生中周遊列國的十多年，是段特別的經歷。我們知道他是個知其不可為但仍堅持努力的人，一直想用理想的政治理念說服君王實施仁政。他不停奔走，來來去去，四處碰壁，陳蔡絕糧的窘迫、長沮桀溺的揶揄……，如此曲折的經驗帶給孔

子怎麼樣的影響呢？孔子的周遊列國，並非消極地躲避，而是積極應世，企圖尋覓能夠以仁、以禮、以義來治理的國度。

 絞盡腦汁

　　沒有一個學說思想或理論見解是絕對的「真」與「是」，它有正面之處，自然有反面之處。我們在看待儒家時，也應當抱持這樣客觀的態度。儒家教育於某些層面維持這個社會基礎有一個穩定的面向，但是，它是否有偏頗或其他不足之處呢？大家不妨好好思辨一下。請想想以下問題：

一、孔子周遊列國十四年，以現代角度來看，他是在找工作，堅持找一個理想的工作，但是最後他失敗了。請問，你允許自己找工作最長的時間是多久？若找工作不順遂時，我們應該咒怨外界還是檢討自己的策略呢？因此，我們可以這樣看，如果孔子找了十四年的工作都無法成功，除了歸因於當時時代是亂世之外，孔子及其弟子們是不是可以想一想：他們的價值及理念有何需要改變之處呢？而所謂「堅持」與「固執」這兩者有何區別呢？擇善固執是完全正確的價值觀嗎？

二、請你從所學的《論語》文句之中，好好檢視一下，哪些觀念或想法，會是導致孔子周遊列國失敗的遠因及近因呢？其次，讀過《論語》後，你想對其中的哪些文句批駁呢？

 試試身手

＊子曰：「吾與回言終日，不違如愚。退而省其私，亦足以發。回也，不愚。」下列有關《論語》這一章的詮釋，敘述正確的選項是：

(A)文中「發」字，意指顏回發憤向學，樂以忘憂

(B)「省其私」，乃指顏回時時反省自己有無過失偏私之處

(C)從孔子曾說：「剛毅木訥，近仁」，可知孔子欣賞顏回「不違如愚」的表現

(D)由「回也，不愚」看出，孔子認為顏回不像表面上的唯唯諾諾，而是既能知，且能行

答案：D

（95年大學學測）

專書篇（一）──《史記》

閒話家常

　　《史記》又稱《太史公書》，是西漢史學家司馬遷所寫。司馬遷在歷史上讓人談論不已的除了因罪招致「宮刑」之外（司馬遷替李陵〔飛將軍李廣之孫〕兵敗匈奴被俘一事辯護，而使漢武帝惱怒）；還有他忍辱負重，歷時十多年完成《史記》此部曠世巨著。

　　《史記》全書記載的時間斷限自上古傳說的黃帝時代起，下至漢武帝元狩元年，共三千多年。而體例上則有本紀、表、書、世家、列傳五類，內容上共一百三十篇。其中「本紀、世家、列傳」三類皆是關於人物的記載及描述，在寫作手法上有客觀、有主觀，有詳、有略，有特寫、有剪接，技巧高明，一直以來為人稱頌。宋代鄭樵云：「百代而下，史官不能易其法，學者不能捨其書。」民國初年魯迅也這樣稱譽《史記》：「史家之絕唱，無韻

古籍經典的閱讀

之離騷。」

　　「本紀」共十二篇，記載歷代帝王的世系，「世家」有三十篇，記述諸侯王公、開國功臣或其子孫。而「列傳」所佔篇幅最多，共有七十篇，可分兩大類：一類是人物傳記，另一類是對外國或國內少數民族的記載。而其中的人物傳記依據記載的類型又可以分成有「單獨列傳」者，如：商君列傳、孟嘗君列傳；有「合傳」者，如：管晏列傳、廉頗藺相如列傳、屈原賈生列傳；有性質相類似者合併「類傳」，如：貨殖列傳、遊俠列傳、刺客列傳。

 絞盡腦汁

一、項羽乃西楚霸王，並非真列於帝王之位，司馬遷將他列於「本紀」（項羽本紀），與漢高祖劉邦同列，有何意義呢？

二、承上題，陳涉於秦末揭竿起義之事，或以為此乃暴民之亂，或以為正義之聲，而司馬遷將之列於世家（陳涉世家），可見他個人的觀點是什麼？

三、司馬遷將屈原、賈誼合併列傳，也將管仲、晏子合併列傳，試問這些人彼此間有何關係與聯

繫，會讓作者如此安排呢？

 試試身手

一、請閱讀下列短文，回答問題。

　　《詩》有之：「高山仰止，景行行止。」雖不能至，然心鄉（通「嚮」）往之。余讀孔氏書，想見其為人。適（前往）魯，觀仲尼廟堂車服禮器，諸生以時習禮其家，余低回留之，不能去云。天下君王至於賢人眾矣，當時則榮，沒（死亡）則已焉。孔子布衣，傳十餘世，學者宗之。自天子王侯，中國言六藝者折中於夫子，可謂至聖矣。

（《史記・孔子世家贊》）／（92年大學學測補考）

1. 由文中「雖不能至，然心鄉往之」、「余低回留之，不能去云」等文句來看，司馬遷對孔子除了尊敬、推崇以外，另懷有何種情意？
   (A)遺憾
   (B)懾服
   (C)惆悵
   (D)眷慕

　　　　　　　　　　　　答案：D

2. 依上文判斷，司馬遷認為孔子此一永恆的生命意
義係來自於：
(A)對家鄉後進的教育及提攜
(B)實踐經世濟民的偉大志業
(C)建立影響深遠的學術文化
(D)傲視虛浮短暫的名聲權位

答案：C

二、閱讀下列文字後作答：

　　孔子明（闡明）王道，干（拜見）七十餘君，
莫能用，故西觀周室，論史記舊聞，興於魯而次
《春秋》。上記隱（公），下至哀（公）之獲
麟。……七十子之徒，口受其傳指，為有所刺譏褒
諱挹損（諷刺、譏刺、褒揚、隱晦、貶抑）之文
辭，不可以書（書面）見也。魯君子左丘明，懼弟
子人人異端，各安其意，失其真，故因孔子史記
（此處「史記」指史書），具論其語，成《左氏春
秋》。

（《史記・十二諸侯年表・序》）／（94年大學指考）

＊根據上述《史記》文字，下列敘述，正確的選項
　是：
　(A)據上下文意，司馬遷認為《左氏春秋》無法
　　闡釋《春秋經》的旨意
　(B)文中「論史記舊聞」的「史記」，泛指古代
　　史書；「孔子史記」則指《春秋》
　(C)「人人異端」的「異端」，意同《論語》中
　　孔子所說「攻乎異端，斯害也已」的「異
　　端」
　(D)文中「為有所刺譏褒諱挹損之文辭，不可以
　　書見也」，可用以說明孔子「述而不作」的
　　觀念

　　　　　　　　　　　　　　　答案：B

三、關於下引文字，敘述正確的選項是：

　　至幕府，廣謂其麾下曰：「廣結髮（年輕時）
與匈奴大小七十餘戰，今幸從大將軍出接單于兵，
而大將軍又徙廣部行回遠（走迂迴遙遠的路），
而又迷失道，豈非天哉！且廣年六十餘矣，終不
能復對刀筆之吏（不能再面對掌管訟訴官吏的侮
辱）。」遂引刀自剄。廣軍士大夫一軍皆哭。百姓
聞之，知與不知，無老壯皆為垂涕。

古籍經典的閱讀

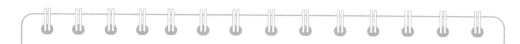

（《史記‧李將軍列傳》）／（95年大學學測）

(A)「結髮與匈奴大小七十餘戰」，是李廣自嘆年事已高，卻仍須與匈奴多次作戰

(B)「豈非天哉」，是李廣慨歎既奉命繞遠路，竟又迷路，一切命中注定，無可奈何

(C)「不能復對刀筆之吏」，是李廣自謂難以再次面對掌管刑法律令的官吏，承受屈辱

(D)「一軍皆哭」，意謂全軍上上下下皆痛哭，表現李廣在軍中深孚眾望，極受士卒愛戴

(E)「知與不知」，是指有受教育與未受教育者；「無老壯」，是指不分老少，二句都表李廣深得民心

答案：BCD

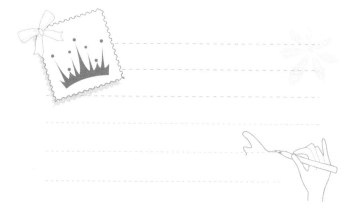

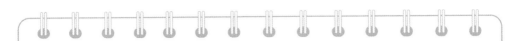

李廣是西漢著名的「飛將軍」，忠貞果敢，驍勇善戰。在一場跟隨衛青討伐匈奴的戰役中，由於路途過遠的關係，李廣於沙漠中迷路，延誤了戰鬥時機，導致單于突圍逃走。後來，遭到衛青責問以延遲戰機之罪，但是，他認為自己蒙受冤屈，不願受軍法審判，憤而自殺。

四、寫作常使用「借事說理」的技巧，以提高道理的可信度。下列文中所述「市集人潮聚散」的事例，最適合用來證明哪一選項的道理？

君獨不見夫趣（趨）市朝（白日）者乎？明旦，側肩爭門而入；日暮之後，過市朝者掉臂而不顧。非好朝而惡暮，所期物忘其中（所期望得到的東西市集中已經沒有了）。

（《史記・孟嘗君列傳》）／（97年大學學測）

(A)富貴多士，貧賤寡友，事之固然也
(B)彼眾昏之日，固未嘗無獨醒之人也

(C)君子寡欲，則不役於物，可以直道而行

(D)諺曰：「千金之子，不死於市」，此非空言也。

答案：A

 解題放大鏡

　　此文屬於節選，故事背景是孟嘗君被廢又恢復宰相之位後，曾經感慨萬千地對馮諼說：「我對於那些無情的賓客，在我落魄時的無情對待，憤恨難平。」馮諼便以上述這段言語規勸他。所謂「貧居鬧市無人問，富在深山有遠親」此乃人情之常態。

專書篇（二）——《聊齋誌異》

閒話家常

　　《聊齋誌異》是一部文言短篇小說，簡稱《聊齋》。作者蒲松齡，於十九歲考取秀才之後，一生科場仕途便不得志，到了七十一歲時，才補為貢生。此書大約完成於清康熙十八年（西元一九七九年），作者為了抒發胸中的塊壘並寄託寓意，利用神仙鬼怪結合了現實與理想，創造出一個充滿幻想的世界。全書共十二卷，四百九十一篇，內容題材十分廣泛，多談人、狐、仙、鬼、妖等，藉由它們的故事來揭露社會黑暗面、暴露科場弊端、諷刺世間人情、記載奇聞軼事等，在思想層面上極為豐富。清初文人王士禎（王漁洋）對《聊齋志異》甚為喜愛，給予極高評價，並為其作評點，曾為此書題詩：「姑妄言之姑聽之，豆棚瓜架雨如絲。料應厭作人間語，愛聽秋墳鬼唱詩。」常人皆畏懼鬼魅，而人間世道裡種種險惡算計與無常際遇，有時

古籍經典的閱讀

不免讓人驚嘆「人」比「鬼」更為可怖，鬼狐之間的情意或許更令人動容，這是王漁洋讀完後的想法，令人心有戚戚焉。民初魯迅曾說：「《聊齋》使花妖狐魅，多具人情。和易可親，忘為異類。」而郭沫若也曾這樣說：「寫鬼寫妖高人一等，刺貪刺虐入骨三分。」

 文章來一課（一）

甲、孫必振渡江，值大風雷，舟船蕩搖，同舟大恐。忽見金甲神立雲中，手持金字牌下示；諸人共仰視之，上書「孫必振」三字，甚真。眾謂孫必振：「汝有犯天譴，請自為一舟，勿相累。」（你犯了天譴，自己搭一條船去吧，別拖累我們）孫尚無言，眾不待其肯可，視旁有小舟，共推置其上。孫既登舟，回視，則前舟覆矣。

（蒲松齡《聊齋誌異・孫必振》）

乙、邑人某，佻達無賴（性情放蕩蠻橫），偶游村外，見少婦乘馬來，謂同游者曰：「我能令其一笑。」眾未深信，約賭作筵（筵席）。某遽（立刻）立刻奔去，出馬前，連聲譁曰：

「我要死！……」因於牆頭抽梁藟（梁藟：高梁莖）一本，橫尺許，解帶挂（同「掛」）其上，引頸作縊（上吊自殺）狀。婦果過而哂（音ㄕㄣˇ，微笑）之，眾亦粲（笑）然。婦去既遠，某猶不動，眾益（更加）笑之。近視（接近一看），則舌出目瞑（閉），而氣真絕矣。梁本自經（自縊，自殺），豈不奇哉！是可以為儇（音ㄒㄩㄢ，輕佻）薄之戒。

（蒲松齡《聊齋誌異・戲縊》）

 絞盡腦汁

＊閱讀完以上兩則《聊齋誌異》的故事之後，你可以簡要說明它們的寓意嗎？

參考答案：

甲則主要說明人性自私的鄙陋；乙則是說人不可以過分輕佻隨便。

 試試身手

一、最能凸顯以上二段引文描寫上共同特色的選項
　　是：

(A)人物　　　　　　　(B)對話
(C)情節　　　　　　　(D)場景

答案：C

 解題放大鏡

　　上述兩篇文章在人物、對話及場景上並未多所著墨，反而是在情節的發展上用力較深，透過情節的精密刻劃，來凸顯結局的張力及要表達的旨趣。

二、關於以上二段引文的敘述，正確的選項是：

(A)甲段主旨在彰顯人性溫暖
(B)甲段充分展現反諷性效果
(C)乙段主旨在強調應信守承諾
(D)乙段由悲而喜暗喻人生無常

答案：B

解題放大鏡

(A)甲段凸顯人性自私，沒有憐憫之心的可悲。

(C)乙段主旨在於強調人不可過分輕薄。

(D)乙段應是由喜而悲。

文章來一課（二）

　　丁亥年七月初六日，蘇州大雪。百姓皇（通「惶」）駭（驚惶），共禱諸大王之廟。大王忽附（附身）人而言曰：「如今稱老爺者，皆增一大字；其以我神為小（難道你們是看輕我這個神嗎？），消不得（承受不起）一大字耶？」　悚然，齊呼「大老爺」，雪立止。由此觀之，神亦喜諂（諂媚），宜乎治下部者之得車多矣。

（蒲松齡《聊齋誌異‧夏雪》）

古籍經典的閱讀

 絞盡腦汁

＊閱讀完上文之後，請你以50字之內簡要說明它的
主旨？

參考答案：

藉由一則趣味的故事「神明喜歡人們諂媚阿諛」
之事，諷刺世人奉承之風盛行的現象。

古籍經典的閱讀

蘇軾其人◆其事◆其文（一）

閒話家常

　　曾經有過趣味的調查，蘇軾和李白是華人世界裏最受喜愛的古典作家。此單元我們就要來看看蘇軾。蘇軾字子瞻，號東坡居士，四川眉州眉山人，北宋大文豪，在詩、詞、賦、散文、書法、繪畫等方面皆有所長，是中國文學史上罕見的全才。蘇東坡在生命的最後一年（西元一一〇一年），自貶謫地——儋州（今海南島）獲赦北歸，途經鎮江金山寺時，看到當年畫家李公麟為他所繪的一幅畫像，不禁感慨萬千而信手寫下一首詩，「問汝平生功業？黃州惠州儋州。」東坡一生在朝在野，來來去去，外放或貶謫的時間極長，而黃州、惠州、儋州的生活，是東坡生命中最困頓凄楚的階段。但，他卻認為那是其畢生功業之所在，為什麼呢？

　　東坡留給後世豐富的著作：《東坡全集》（詩文作品）、《東坡樂府》（詞集）……等等。此回

我們要看的是《東坡志林》，此書所記載的是自神宗元豐年間至哲宗元符二十年中之雜說史論，內容廣泛，無所不談。文章長短不拘，或千言或數語，而以短小為多，皆信筆寫來，揮灑自如，展現了作者行雲流水涉筆成趣的文學風格，東坡曾說：「嘻笑怒罵之詞皆可書而誦之。」

　　以下數則都是選自《東坡志林》的小短文，機趣橫生，可以一睹東坡曠達豪放的人生態度。

一、桃符與艾人

　　桃符仰視艾人而罵曰：「汝何等草芥，輒居我上。」艾人俯而應曰：「汝已半截入土，猶爭高下乎？」桃符怒，往復紛然不已。門神解之曰：「吾輩不肖，方傍人門戶，何暇爭閒氣乎？」

翻譯：桃符仰面看著艾草說：「你是甚麼東西啊，怎麼敢住在我頭上？」艾草屈身向下，回答道：「你已經半截入土了（從元旦到端午，約半年），還有臉同我爭上下高低嗎？」桃符很生氣，和艾草吵了起來。此刻，門神勸解道：「不要吵了，我們這等人沒有能力，都是依附在人家的門戶過日子，哪裡還有工夫爭閒氣呢？」

古籍經典的閱讀

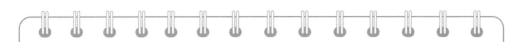

解讀放大鏡

　　桃符為古代懸於門上避邪的桃木板，板子上畫上神像或是寫上「神荼、鬱壘」的字樣。後來，慢慢轉變成現在所看到的春聯，每年元日更換。艾人為端午節避邪之物，以艾草紮成人形，繫於門上。端午節為農曆的五月初五，艾人譏諷桃符「已半截入土」是說時間已來到了端午，意謂著一年已經過了一半了，你這桃符板來日不多了（端午到過年），早就已經一半在土裡啦！門神則為門上驅邪之物，三者均繫著於門戶上，故說「傍人門戶」。

想想看：你以為東坡的這則小故事有何寓意呢？他
　　　　想要譏諷什麼呢？

二、辨荀卿言青出於藍

　　荀卿云：「青出於藍而青於藍，冰生於水而寒於水。」世之言弟子勝師者，輒以此為口實（談話的內容），此無異夢中語！青即藍也，冰即水也。

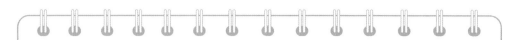

釀米為酒，殺羊豕以為膳羞（同「饈」，膳食），曰「酒甘於米，膳羞美於羊」（酒比米甘甜，膳饈佳餚比羊美味），雖兒童必笑之，而荀卿以是為辨，信其醉夢顛倒之言！以至論人之性，皆此類也。

（《東坡志林・人物》）

解讀放大鏡

荀子在〈勸學篇〉一文中曾說：「青出於藍，而勝於藍；冰，水為之，而寒於水。」他的用意是以顏色、冰水為喻來說明教育的重要。教育是會讓弟子超越老師的。但蘇軾卻以「實際邏輯」的角度來看這句話，青色從藍草提煉而出，那麼青與藍並無二致；冰是水製成的，冰與水也沒有差別啊！東坡玩笑地以為荀子可能是酒醉夢寐之際才講出上述一段話罷了！

一、請閱讀下列短文，回答問題。

　　初到黃，廩入既絕（公家收入斷絕），人口不少，私甚憂之，但痛自節儉，日用不得過百五十。每月朔（初一）便取四千五百錢，斷為三十塊，掛屋梁上。平旦（白天），用盡又挑取一塊，即藏去叉，仍以大竹筒別貯（存起來），用不盡者，以待賓客，此賈耘老（註：人名）法也。度（忖度）囊中尚可支一歲有餘，至時別作經畫（計畫），水到渠成，不須預慮（事先憂慮），以此胸中都無一事。

　　　　　（蘇軾〈答秦太虛書〉）／（92年大學學測）

*作者的經濟狀況是：

(A)寬裕的

(B)困窘的

(C)收支相抵的

(D)舉債度日的

答案：B

古籍經典的閱讀

東坡應該是經濟困窘的，這從文章中的第一句可判別。但，東坡預先作了規劃，讓生活狀況在清貧中尚能維持基本程度。

二、以下是蘇軾貶謫惠州時期寫給蘇轍的一封書信，請閱讀後回答下列問題：

「惠州市井寥落，然猶日殺一羊，不敢與仕者爭買，時囑屠者買其脊骨耳。骨間亦有微肉，熟煮熱漉出（自註：不乘熱出，則抱水不乾），漬（浸泡）酒中，點薄鹽炙微燋（火烤）食之。終日抉剔（音ㄐㄩㄝˊㄊㄧ，挑抉剔除），得銖兩於肯綮（音ㄑㄧㄥˋ，筋骨接合處）之間，意甚喜之，如食蟹螯；率（大概）數日輒一食，甚覺有補。子由三年食堂庖，所食芻豢（指牛羊犬豬），沒齒（終身永遠）而不得骨，豈復知此味乎？戲書此紙遺之，雖戲（玩笑）語，實可施用也。然此說行，則眾狗不悅矣。」

（蘇軾〈與子由書〉）／（93年大學學測）

1. 依文意推敲，下列敘述正確的選項是：
   (A)惠州物產不豐，但地方官規定每天仍然得殺一隻羊
   (B)蘇軾買羊脊骨，煮熟微烤料理後再拿去賣，賺得一點小錢
   (C)蘇軾不常吃羊脊骨，但每隔幾天就會吃蟹螯，覺得相當滋補
   (D)蘇軾說他獨門的羊脊骨料理如果風行，那狗兒們恐怕會大大不高興

   答案：D

2. 依文意推敲，下列敘述不正確的選項是：
   (A)蘇軾不敢與仕者爭買，可知他因自己乃待罪之身，故頗為謹慎戒懼
   (B)蘇軾表面上調侃蘇轍，實則想傳達他並不感到困頓憂苦，以安其心
   (C)蘇軾雖津津樂道羊脊骨肉之美味，實際上覺得食之無味，棄之可惜
   (D)可看出蘇軾之豁達，即使身處逆境，生活清苦，卻能無往而不自得

   答案：C

解題放大鏡

　　此文是東坡寫給弟弟蘇轍的家書，以輕鬆豁達的態度告訴蘇轍他在黃州謫居生活的點滴。因為待罪、經濟不佳等因素，蘇軾無法常吃羊肉，只好買些羊骨頭烹煮以解饞，並從中獲得趣味。東坡能以順處逆的超然，面對生命中的困頓，雖說此文是戲言，卻是豁達大哉之言。

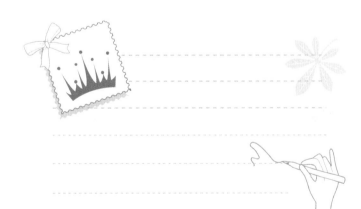

閱讀不偏食 第21道美味大餐

古籍經典的閱讀

蘇軾其人◆其事◆其文（二）

前情提要

東坡曾經自賦詩云：「問汝平生功業？黃州惠州儋州。」，此回，我們來閱讀從《東坡志林》中選錄的幾則短文，便是蘇軾謫居這幾個地方時所寫的作品。

一、記遊松風亭

余嘗寓居惠州嘉祐寺，縱步松風亭下，足力疲乏，思欲就林止息。望亭宇尚在木末（樹梢的末端，比喻高處遠處），意謂是如何得到？良久忽曰：「此間有什麼歇不得處！」由是如掛鉤之魚（比喻處境危險），忽得解脫。若人悟此，雖兵陣相接，鼓聲如雷霆，進則死敵，退則死法，當什麼時（此時）也不妨熟歇（好好休息一番）。

（《東坡志林・記遊》）

翻譯：我曾經居住在惠州嘉祐寺，有一日，在松風亭附近散步，感覺腳力疲累，想在樹林中休

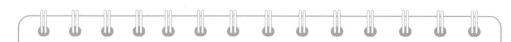

息。卻看見松風亭的屋簷還在樹林的遠處，心想如何才能到得了？想了一陣子，頓然有所體會，心想：「這裡有什麼不能就此休息的呢？」因此，我彷彿像一隻上鉤的魚兒，忽然得到解脫。如果人們能明白這一點，就算在兩軍對陣交戰時，戰鼓隆隆，吶喊震天，向前衝可能死在敵人手裡，臨陣退卻，就會受到軍法的處罰，此時該怎麼辦呢？不妨即刻歇息一下，或許也是辦法之一呀！

解讀放大鏡

　　這篇短文是作者貶謫在廣東惠州時所寫的，蘇東坡一生曾兩次居住在嘉祐寺，前後共一年又兩個多月的時間。文中的松風亭原本距離嘉祐寺約數百步，據悉今日已不復見。

　　全文描寫的是一段遊覽的經過，作者本來想要到松風亭，因為腳力不足，正在猶豫不決該繼續前進抑或就此打住時，忽然有了頓悟的心情，何不就地歇息呢？人生是否一定要登上某個頂點呢？可不可以欣賞沿途的風景，歇歇腳後就下山呢？此文充分顯示了作者看待貶謫際遇的曠達態度，讀來理趣盎然。

二、儋耳夜書

　　己卯上元，余在儋耳（海南島儋州），有老書生數人來過（探訪），曰：「良月佳夜，先生能一出乎？」予欣然從之。步城西，入僧舍，歷小

古籍經典的閱讀

巷，民夷雜揉（蠻族與民眾相處一起），屠酤（音《ㄨˇ，賣酒者）紛然（各種店鋪商販到處都是），歸舍已三鼓（三更）矣。舍中掩關熟寢，已再鼾矣。放杖而笑，孰為得失？問先生何笑，蓋自笑也，然亦笑韓退之釣魚無得，更欲遠去（韓愈曾寫詩述其釣魚釣不著大魚，埋怨水太淺，要另覓垂釣之處，暗指自己境遇不好，不得志），不知釣者，未必得大魚也。

（《東坡志林・記遊》）

這篇文章是作者謫居海南島儋州時所寫的，此時東坡已經六十二歲了，生命中的波濤起伏，早已遇過不知凡幾了，於是豁達接納，輕鬆看待早成了他的態度。值得思索的是本文中出現了「自笑」與「笑韓退之」，這兩處「笑」有何異同呢？又有什麼意思？

三、王濟王愷

　　王濟以人乳蒸豚（用人乳來蒸煮豬肉），王愷使妓吹笛，小失聲韻（一點點樂音錯誤）便殺之，使美人行酒，客飲不盡，亦殺之。時武帝（晉武帝司馬炎）在也，而貴戚敢如此，知晉室之亂也久矣。
　　　　　　　　　　　　　　　　（《東坡志林・人物》）

解讀放大鏡

　　這篇短文是東坡讀史的筆記。描述魏晉時期貴族豪門的奢華生活型態，於此可以觀察出一個國家朝政的好壞。其實這則小故事在《世說新語・汰侈》中曾有過相關記載：「武帝嘗降王武子（王濟）家，武子供饌，並用琉璃器。婢子百餘人，皆綾羅褲襬，以手擎飲食。蒸豚肥美，異於常味（超越一般味道）。帝怪而問之。答曰：「以人乳飲之（用人乳蒸煮的）。」帝甚不平，食未畢，便去（離開）。王（王濟）、石（石崇）所未知作（都不知道發生了什麼事）。」請問你對這樣的飲食方式有怎麼樣的想法呢？

古籍經典的閱讀

 試試身手

＊請閱讀下列短文，回答問題。

　　閩越人高（讚美）荔子而下（看低）龍眼，吾為評之。荔子如食蝤蛑大蟹，斫（音ㄓㄨㄛˊ）雪流膏，一噉（音ㄉㄢˋ，吃）可飽。龍眼如食彭越石蟹，嚼嚙久之，了無所得（吃不到什麼肉）。然酒闌口爽，魘飽之餘，則嗶啄之味，石蟹有時勝蝤蛑也。戲書此紙，為飲流一笑。

（蘇軾〈荔枝龍眼說〉）／（97年大學學測）

選出敘述正確的選項：

(A)荔枝宜單獨食用，龍眼則宜配酒而食

(B)荔枝勝在飽滿多汁，龍眼的滋味則在嗶啄之間

(C)荔枝、龍眼風味有異，是由於種植地勢高低不同

(D)荔枝、龍眼如搭配蝤蛑、石蟹一起吃，風味最佳

答案：B

韓非其人◆其事◆其文（一）

　　春秋戰國時期是中國歷史上一個特殊的時代，其特殊之處就在於出現各家思想爭鳴的盛況，異常開放、活躍。在這段時間裡，出現孔子、孟子、老子、莊子、墨子、韓非……等許多影響後代思想發展的重要大家。由於他們的啟蒙，激盪出許多的智慧，經過後世學者不斷沉澱和演化，成為中國文化史上重要的瑰寶。

　　本周要來介紹的是法家中的「韓非」，韓非歷來被人稱為法家的集大成者。《韓非子》一書呈現他的唯物主義與功利主義思想，及倡導君主專制的理論。他將法、術、勢結合，極力為君權的確立提出看法，可以稱得上是君王霸道思想的擁護者。這樣的學說對於鞏固君主的地位有極大催化作用，在《史記》中記載：「秦王見韓非《孤憤》、《五蠹》之書，曰：『嗟乎，寡人得見此人與之遊，死不恨矣！』」可知當時秦始皇對於其人其書的重

古籍經典的閱讀

視。如：韓非提出國君必須削弱臣下勢力，並防止他們犯上作亂，所以說「愛臣太親，必危其身；人臣太貴，必易主位；主妾無等，必危嫡子；兄弟不服，必危社稷。」

古代中國雖說是以儒為本，但是歷代君王的治國方式實際上是呈現「外儒內法」的模式。儒家是治國的門面，法家才是確定統治者地位和權勢的核心所在。但是，法家「法」的概念和現代社會的「法治」又不相同。

 文章來一課（一）

孔子相衛，弟子子皋為獄吏，刖（音ㄩㄝˋ，斷人腳跟的刑罰）人足，所刖者守門，人有惡（音ㄨˋ，討厭）孔子於衛君者曰：「尼欲作亂。」衛君欲執（抓）孔子，孔子走，弟子皆逃，子皋從出門，刖危引之而逃之門下室中，吏追不得，夜半，子皋問刖危曰：「吾不能虧主（違背）之法令而親刖子之足，是子（你）報仇之時也，而子何故乃肯逃我（幫我逃跑）？我何以得此於子？」刖危曰：「吾斷足也，固吾罪當之，不可奈何。然方公之獄治臣也，公傾側法令，先後臣以言，欲臣之免也甚，而臣知之。及獄決罪定，公愀（音ㄘㄨˋ，憂

慮貌）然不悅，形於顏色（臉色），臣見又知之。
非私（有私心）臣而然也，夫天性仁心固然也，此
臣之所以悅而德公也。」

（《韓非子・外儲說》）

翻譯：孔子擔任衛國相，弟子子皋擔任法官，判決
　　　砍斷了一個人的腳跟，那人後來負責看守城
　　　門。有人在衛君面前中傷孔子說：「仲尼要
　　　做亂。」衛君想要捉拿孔子，孔子逃走，弟
　　　子們也都跟著逃走，子皋逃到城門，城門已
　　　經關閉，那個受刑的刖危領著他逃到城門旁
　　　邊的一個密室裡，讓官吏追捕不到，到了半
　　　夜，子皋問刖危說：「我因為不能破壞君主
　　　的法令，親自截斷你的腳，現在是你報仇的
　　　機會，你為什麼還願意幫助我逃脫呢？我憑
　　　什麼可以獲得你的救助？」刖危說：「我被
　　　斷腳，是我罪有應得，這是沒辦法的事。然
　　　而當你在審判我的案件時，翻遍法令，說一
　　　些話來幫助我，希望我能脫罪，這一點我知
　　　道。等到後來判了刑，定了罪，你的憂思抑
　　　鬱，全表現在臉色上，我也知道。這不是你
　　　偏私於我才這樣，而是天生的本心是這樣
　　　的，這就是我欣然報恩於你的理由。」

解讀放大鏡

　　故事中的刖危被子皋因為刑罰判了刖刑而砍斷腳跟。等到子皋有難時，刖危其實有機會報仇，一掃前恨，他卻屏除私怨，幫助子皋一行人逃離衛國。刖危能明辨公與私，去除個人偏私的己見，以客觀無私的角度思考，這樣的情操與態度很值得效法。文中「刖」是指「砍斷腳跟」的刑罰，古代幾個著名的刑罰像「劓（音一、）刑」是「割掉鼻子」、「墨刑」是「在前額刺字，並染上墨」、「宮刑」則是「割去受罰者的生殖器，又叫腐刑」，如今聽來都很殘忍。

文章來一課（二）

　　龐恭與太子質於邯鄲，謂魏王曰：「今一人言市有虎，王信之乎？」曰：「不信。」「二人言市有虎，王信之乎？」曰：「不信。」「三人言市有虎，王信之乎？」王曰：「寡人信之。」龐恭曰：

「夫市之無虎也明矣，然而三人言而成虎。今邯鄲之去（距離）魏也遠於市，議（誹謗）臣者過於三人，願王察之。」龐恭從邯鄲反，竟不得見。

（《韓非子・外儲説》）

翻譯：戰國時魏國大臣龐恭，將陪同魏太子到趙國當人質，臨行前對魏王說：「現在有一個人說街市上出現了吃人的老虎，大王會相信嗎？」魏王爽朗的回答：「不會。」「那麼，如果有第二個人說街上出現了老虎，您會相信嗎？」「我還是不相信。」龐恭又說：「如果有第三個人說街上出現老虎，您就會真的相信了吧？」魏王回答：「這樣我當然會相信。」龐恭說：「市街上沒有老虎這件事是很明白的，然而有三個人說市集上有老虎，你就相信了。如今趙國邯鄲距離魏國比市集到宮殿遠多了，而誹謗臣子的人也超過三人以上，希望國君明察秋毫。」過了一段時間，龐恭陪太子回國，可是魏王卻不再召見他。

古籍經典的閱讀

以上這個故事就是著名的成語「三人成虎」的由來。龐恭以故事的方式藉機勸諫魏王，勿輕信未經求證的傳言，但是很明顯的，魏王已聽信讒言而疏遠龐恭了。

 試試身手

*閱讀下列文字後作答：

趙襄主學御於王於期，俄而與於期逐，三易馬而三後。襄主曰：「子之教我御，術未盡也。」對曰：「術已盡，用之則過也。凡御之所貴，馬體安於車，人心調於馬，而後可以進速致遠。今君後則欲逮臣，先則恐逮於臣。夫誘道爭遠，非先則後也。而先後心皆在於臣，上何以調於馬？此君之所以後也。」

（《韓非子・喻老》）／（95年指考）

文中以學習駕馭車馬為例，主要在闡明：
(A)快馬加鞭，進速致遠，才能成功
(B)時時競逐，有先後心，方能致勝

(C)誘道爭遠，非先則後，無須計較
(D)調御自如，忘懷得失，始能致遠

答案：D

翻譯：趙襄主跟王於期學駕馬車，不久就開始與於
　　　期追逐，換了三次馬卻三次都落後。趙襄主
　　　跟王於期說：「你教我駕馬車沒有用心，你
　　　並沒有將所有技術交給我。」王於期說：
　　　「駕車的技術都已經全部交給你了，只是你
　　　的應用方法錯了。駕車最可貴之處是車和馬
　　　合而為一，而且駕車的人心必須跟著馬一起
　　　跑，然後就可以加速跑更遠的路。如今國君
　　　您一旦落後就努力想追上臣，領先時又怕被
　　　臣給追上。駕車競賽本來就是比較誰先誰後
　　　的，不是領先就是落後。而大王您無論領先
　　　臣或落後臣的時候，時時刻刻一顆心都跟著
　　　臣在跑，又怎麼能和馬互相協調呢？這就是
　　　你之所以落後我的原因啊！」

韓非其人◆其事◆其文（二）

閒話家常

　　法家萌芽於春秋時期，正式形成於戰國前期，活躍於戰國中、後期。韓非以法治作為他學說的中心，主要的內涵有富國強兵、重視耕戰。韓非認為，國家的富強靠兩方面：一是農耕，一是戰爭，主張嚴刑峻法，賞罰分明。他以為只有透過嚴厲刑法，採輕罪重判的手段，藉由威嚇使百姓不敢犯法，社會方能維持秩序。此外，他也力主中央君主集權政策，唯有透過君王權力的集中，才能確保國家維持不墜之勢。而法家這套思想學說在秦朝一統天下的時期，效能運用達至巔峰，中國歷代封建專制極權統治的建立，受韓非學說的影響很大。

　　如果說儒家是一個偏重道德教化、倫常次第的學派，而道家是偏重探討哲學問題的學派，那麼法家便是一個側重於政治學說的學派。以現代觀點而言，法家是一個倡導社會進行實際革新的學派，它的學說理念與現實生活狀況有強烈關聯性。

韓非是韓國的貴族，非常喜歡刑名法術之學。他和李斯都是荀子的學生，算是同門師兄弟，但他患有口吃的毛病，不擅言說，這一弱點使他的從政之路極為坎坷。韓國為戰國七雄當中國勢最為弱小的國家，常受鄰國的欺侮，韓非多次向國君提出富強的計策，但都未被採納。後來，他寫了〈孤憤〉、〈五蠹〉、〈儲說〉……等一系列文章，這些作品集結為《韓非子》一書。

　　後來韓非的著作傳到秦國，秦王嬴政讀了之後大為讚賞，迫使韓非出使秦國，想要親見一面。李斯自覺不如韓非，很擔心韓非取代他的地位，就在秦王面前進讒言詆毀韓非。他說韓非是韓國宗室公子，必定不會效忠於秦國，後來還矯詔君命派人送毒藥賜死韓非，等到秦王後悔時，韓非已冤死獄中。

　　史上著名的同門師兄弟後來卻彼此殘害的例子，前有一同師事鬼谷子的「龐涓」與「孫臏」，繼而有同受教於荀子的「李斯」與「韓非」，如此故事豈不讓人嗟嘆「本是同根生，相煎何太急」！

古籍經典的閱讀

文章來一課（一）

客有為齊王畫者，齊王問曰：「畫孰最難者？」曰：「犬馬最難。」「孰易者？」曰：「鬼魅最易。」

夫犬馬人所知也，旦暮（早晚）罄（顯現）於前，不可類（畫得類似，動詞）之，故難。鬼魅無形者，不罄於前，故易之也。

（《韓非子・外儲》）

解讀策略

若你問一個人這樣的問題「畫鬼容易，還是畫狗容易？」或許有人不加思索的回答：「畫狗容易」。這樣的認知乃是因為，人們以為狗乃常見之物，容易摹擬其外形，而鬼因為不易見到，根本無從畫其形貌。但是，文中的畫家卻說：「畫狗難，因為日常生活中，早晚都會見到狗；畫鬼其實容易，因為鬼大家都沒見過，可以憑任自由心證，隨意塗抹。」

這是個有趣的命題，沒有具體的客觀標準者，它可以隨順個人心志不受檢驗。而那些輕易且具體可見者，則要接受客觀實際的檢驗。所謂「真實」

與「虛幻」，「簡單」與「困難」，「主觀」與「客觀」，其界限到底是什麼？值得細細思索。

 文章來一課（二）

　　昔者鄭武公欲伐胡，故先以其女妻胡君以娛其意。因問於群臣：「吾欲用兵，誰可伐者？」大夫關其思對曰：「胡可伐。」武公怒而戮之，曰：「胡，兄弟之國也，子言伐之何也？」胡君聞之，以鄭為親己，遂不備鄭，鄭人襲胡，取之。

　　宋有富人，天雨牆壞，其子曰：「不築，必將有盜。」其鄰人之父亦云。暮而果大亡其財，其家甚智其子，而疑鄰人之父。

　　此二人說者皆當矣，厚者為戮，薄者見（被）疑，則非知之難也，處知則難也。

（《韓非子・說難》）

翻譯：從前鄭武公想要攻打胡國，所以先將自己的
　　　女兒嫁給胡國的君主討好他。於是問大臣們
　　　說：「我要用兵征伐，可以攻打誰？」關其
　　　思回答說：「可以攻打胡國。」鄭武公聽了
　　　大怒就把關其思給殺了，並且說：「胡國，
　　　是我們兄弟之國，你說攻打它，到底是何種

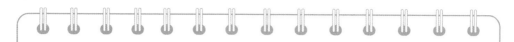

居心呢？」胡國君主聽到這件事，就認為鄭武公是親附他的而不加以防備，鄭國就趁機偷襲胡國，占領了它。

宋國有個有錢人，某天，因為下大雨把屋牆沖壞了。他的兒子說：「不修好，一定會有小偷來偷東西。」而他鄰居家的父親也這麼說。到了天黑之後，這位富人家果然丟掉了很多財物，他的家人覺得他的兒子很聰明，卻懷疑他的鄰居偷了他的東西。

關其思及鄰居的父親，兩人的見解都是正確的，情況嚴重的招致殺戮的命運，輕微的則被懷疑，這並非他們的見識有問題，而是在如何運用這些見識的處境是困難的（當時的情境是難以預料揣摩的）。

 解讀策略：理解分析

上述文章有兩個小故事，這兩則故事的共相是都涉及到「言說」一事。關其思告訴鄭武公的攻伐建議其實是事實；而宋人的鄰居長者也是說出實情，但兩人最後竟然都招致負面的結果。可見擁有知識或見解並不困難，但是如何善用這些見知並不

容易。因為，事件的發展還可能受到許多外圍因素影響，例如：進說對象與進說者的親疏關係、進說對象個人的性格特質……等等。

而韓非將這兩則故事放在〈說難〉篇中，自有其用意。〈說難〉一文主要是韓非在呈現「說服國君的種種困難」這個層次的見解。向國君進言，本來就是一項高難度的挑戰，它的困難之處不在於進說者的知識見解或是辯論能力完善與否，而是與「國君心意難以捉摸」有關聯。〈說難〉全文中，韓非分析了君王複雜而多重的心理狀態，見解極為精闢。但是，現實人生中，韓非如此精湛的思慮卻仍敵不過政治上的險惡，最後客死於秦國。司馬遷在《史記》中曾說：「余獨悲韓子為說難而不能自脫耳！」這實在令人不勝唏噓。

上述故事的核心意義不僅適用在君臣相應的關係上，其他人際網絡也適用。現代社會的多重關係裡，言說的發生此起彼落，成敗結果的導因或許可從此故事中獲得一些點醒與辨證。

古籍經典的閱讀

試試身手

一、有關本文之主旨，下列敘述何者正確？

(A)任何事情皆當未雨綢繆，有備則無患

(B)有智慧者，善於選擇適當的表現時機

(C)為人臣者，不應忤逆君王，以免惹來殺身
之禍

(D)人際關係疏密不同，情感自有厚薄之分

答案：B

二、武公何以怒殺關其思？

(A)關其思破壞武公的和親政策

(B)關其思在大庭廣眾之下，公然給武公難堪

(C)武公懷疑關其思有通敵之嫌

(D)武公佯怒以取信於胡

答案：D

文言文中的邏輯思辨

　　此回我們要看文言文中一些關於思辨與邏輯的文章。這兩篇故事的主角都是小孩，讀完之後會發現：我們似乎不該再把小孩提出的問題或是看法視為無物，他們常常能提出「大哉問」的觀點，讓人絕倒。

文章來一課（一）

　　孔子東遊，見兩小兒辯鬥。問其故。一兒曰：「我以日始出時，去（距離）人近，而日中時，遠也」。一兒曰：「我以日初出遠，而日中時近也。」一兒曰：「日初出，大如車蓋；及日中，則如盤盂（音ㄩˊ，器皿）：此不為遠者小而近者大乎（這不就是說距離遠的東西小，而距離近的東西大）？」一兒曰：「日初出，滄滄涼涼；及其日中，如探湯（手探熱湯）：此不為近者熱而遠者涼乎？」孔子不能決（決斷）也。兩小兒笑曰：「孰為汝多知乎？」（誰說你是個飽學多識之人呢？）

（《列子‧湯問》）

古籍經典的閱讀

解讀策略：理解分析與圖表結構

　　兩個孩子辯論太陽是在剛出來或是正午時距離人們較近？孔子聽完他們的談論後一時無法決斷，還被孩子們揶揄一番。我們現在就要來看看孔子何以一時之間被問倒了呢？兩個孩子是「詭辯」，還是各有其理呢？

　　這件趣事我們可以這麼看：就一個命題而言，太陽到底是初出時或是正午時離人比較近，應該有一個正解，不可能兩者都是真確的。但，就這兩個小孩的「推論過程」來看，他們的說法及引用的證據也是正確的，因此，才造成孔子一時沒能評論出對錯。可是，總有一個說法該是真確的？為何會有兩者看來都是正確的狀況呢？我們以表格來分析一下兩小孩的推論模式：

　　辯論命題：太陽是日出時還是正午時距離人們較近？

兩小兒	推論根據	結論
甲：日初出，去人近	視覺→日初出，大如車蓋；日中時，則如盤子般（車蓋比盤盂形體大）。	遠的東西小，近的東西大。太陽剛出來時比較大，所以此時它應該距離人較近。
乙：日初出，去人遠	觸覺→日初出，滄滄涼涼（指太陽剛升起時溫度較低）；日中，如探湯（溫度升高，如熱湯般）。	近的東西比較熱，遠的東西比較涼。太陽在正中午時比較熱，所以這時它應該距離人較近。

　　這兩個小孩在論述之前都各有「前提」，小孩甲的前提是「遠的東西小，近的東西大」，這是從「視覺」做區分；小孩乙的假設前提是「近的東西熱，遠的東西涼」，這是從「觸覺」做區分。但是這些前提都有可被檢驗的盲點，因此由此得出的結論也有待商榷之處。從這個故事我們得到另一個啟發是孔子是一個「知之為知之，不知為不知，是知也」的人，對於未曉的事，不妄下評斷呢！

文章來一課（二）

　　晉明帝數歲，坐元帝膝上。有人從長安來，元帝問洛下（洛陽）消息，潸然流涕。明帝問何以致

泣？具以東渡（指東晉將國都遷於建康〔南京〕一事）意告之。因（接著）問明帝：「汝意謂長安何如日遠（你覺得長安和太陽哪一個遠）？」答曰：「日遠。不聞人從日邊來，居然（清楚明白的樣子）可知。」元帝異之。明日集群臣宴會，告以此意，更重問（再問）之。乃答曰：「日近。」元帝失色（臉色改變），曰：「爾何故異昨日之言邪（你怎麼和昨天說的不一樣呢）？」答曰：「舉目見日，不見長安。」

（《世說新語・夙慧》）

解讀策略：理解分析與圖表結構

　　這則有趣的故事和上面一篇不同之處是：上文是兩小孩的辯論，雖各自有堅持且立論點、著眼基礎不同，但推論的形式是正確的。而世說新語這則卻是一個小孩「前後不一」的說法，雖然兩次說法不同，卻都是正確的，這是因為立論點不同的緣故。我們也以表格來看看晉明帝的前後說法：

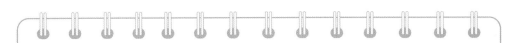

次數	說法	理由
第一次	太陽比長安遠	聽到有人從長安來，卻沒聽過有人從太陽那裡來
第二次	長安比太陽遠	抬頭看得見太陽卻看不見長安

　　講解這一則前，我們先了解一下背景故事，西晉本來定都於洛陽，到了東晉時都於建康（南京）。東晉朝廷對於家國的偏安遷都一直是難過傷感的，所以聽到有人從長安那兒來，便想問問他順道經過洛陽時所見的故國山河狀態。

　　而明帝真是個聰慧的孩子，第一次的說法符合常理，在親眼見到有人從長安來時，便不假思索地回答長安比太陽近；第二次，群臣集會於宮殿，他明瞭了故國淪落之悲，不知道是否要藉機刺激朝臣官員，他說了「舉目見日，不見長安」這樣懾人心魄的話語，無疑給眾官員們一記當頭之喝。故國何時能再見呢？看見太陽遠比見到長安容易多了，所以太陽自然是比長安近了。

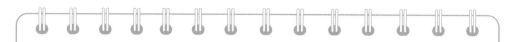
試試身手

　　滄州南一寺臨河幹（河邊），山門圮（傾倒）於河，二石獸沉焉。閱（經過）十餘歲，僧募金重修，求二石獸於水中，竟不可得（找不到），以為順流下（順流滾下去）矣。棹（音ㄓㄠˋ）數小舟，曳鐵鈀，尋十餘里無跡。一講學家設帳寺中，聞之，笑曰：「爾輩不能究物理。是非木柿（木片），豈能為暴漲攜之去？乃石性堅重，沙性鬆浮，湮於沙上，漸沉漸深耳，沿河求之，不亦顛乎？」眾服為確論。一老河兵聞之，又笑曰：「凡河中失石，當求之於上流（到上游去找）。蓋石性堅重，沙性鬆浮，水不能沖石，其反激之力，必於石下迎水處嚙沙為坎穴。漸激漸深，至石之半，石必倒擲坎穴中。如是再嚙（音ㄋㄧㄝˋ，咬或啃），石又再轉。轉轉不已，遂反溯流逆上矣。求之下流，固顛；求之地中，不更顛乎？」如其言，果得數里外。

（紀昀〈河中石獸〉）／（99年大學指考）

*下列四圖，何者最接近「老河兵」對「河中石獸」移動原因的分析？

150

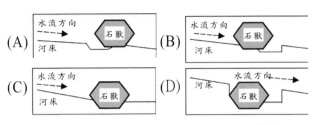

答案：A

這則故事根據老河兵的推論是：

由於石獸重量導致它在水底保持穩定的位置，上游來水，遇到穩定的石獸，便會改變原先的水流方向，一部分轉向下部的水流會衝擊石獸迎水面下方的淤泥。時間一久，在迎水的這一面（面對上游的一側）便會有一個不斷經由水啃蝕衝擊所形成的坑，石獸自然下跌進入坑中（也就是向上游跌去）如此周而復始，便會出現石獸向上游走的情形。根據請教於物理老師的說法，這樣的論點還必須考慮水流的速度及強弱，加上河流水底的傾斜角度……等。

閱讀不偏食 第25道美味大餐

文言文中的動物寓言

文章來一課（一）

　　吾官鎮遠，嘗睹於物，得三戒焉。虎性饞，不擇肉而食，有羊牧崖上，虎攫之，羊負痛墮地死，虎隨之；虎墮地，不死而重傷焉，竟為鄉人所斃。蝎虎亦性饞，蝎虎緣壁行，入燕巢以食其雛，雛負痛墮地，蝎虎隨之；雛在地飛躍，家人為送入巢，蝎虎不能動，雞食之。蟻亦性饞，凡物有大於己者，皆負致以行（背在身上行走），務入其穴乃止（務必回到自己的巢穴為止），有蚓出穴，蟻群嗛之，蚓負痛，宛轉泥沙中，卒莫能制蚓；鴨出欄，并食之。

　　夫虎貪食羊，不知羊死而身斃；蝎虎貪食燕雛，不知燕雛得全而己不免；蟻貪食蚓，不知與蚓并為鴨所食。嗟夫！利者，害之所伏也；得者，喪之所倚也。為饞不已者，可以戒矣！

　　　　　　　　（周瑛〈饞戒〉）／（98年大學學測）

古籍經典的閱讀

解讀策略：理解分析與表格結構

　　本文以寓言的方式，引用動物好吃貪食的特性來寄託寓意。虎，蝎虎，螞蟻因為性饞，為了捕食令人垂涎的獵物，忘卻自身的安危，也忽略了「螳螂捕蟬，黃雀在後」的警惕，後來非但沒吃到獵食之物，甚至還賠上性命。故事在警告人們居安當思危，得與失、利與害有時相伴而生，或是隱藏於細微難見之處，立身行事不得不注意。

　　此文在篇章結構上，極為完整而章法清楚，它先說故事，再就故事來論理，提揭寓意。因此我們嘗試將文章結構以表格化呈現：

＊首段「記敘」：

　　分述三戒的故事→三種動物皆性饞

　　①老虎要吃羊

　　②蝎虎（壁虎）想吃雛燕

　　③螞蟻想吃蚯蚓

＊次段「議論」：

　　先簡要分述三種動物的下場，再總結出結論

　　結論→利者，害之所伏也；得者，喪之所倚也。

　　為饞不已者，可以戒矣

古籍經典的閱讀

動物	虎	蠍（ㄒㄧㄝ）虎	螞蟻
特質	性饞不擇肉而食	性饞	性饞，遇見比自己體型大的，一定背負著走，直到回到洞穴為止
事件	虎看見羊在山崖上，跳而攫之	蠍虎緣壁行，入燕巢以食其雛	有蚯蚓出穴，蟻群囓之
結果	羊負痛墮地死，虎隨之；虎墮地，不死而重傷焉，竟為鄉人所斃（被鄉人殺死）	雛負痛墮地，蠍虎隨之；雛在地飛躍，家人為送入巢，蠍虎不能動，雞食之（蠍虎後被雞吃）	蚓負痛，宛轉泥沙中，卒莫能制蚓；鴨出欄，并食之（螞蟻蚯蚓後被鴨一起吃掉）

 試試身手

一、下列關於本文內容的敘述，正確的選項是：

    (A)文中所稱的三戒，即以羊、蠍虎、螞蟻為戒

    (B)羊原本在崖上吃草，後來被老虎撲攫、吃

掉

(C)蝎虎爬進燕巢想吃雛燕，結果反被母燕吃掉

(D)螞蟻想吃掉蚯蚓，卻和蚯蚓一起被鴨子吃掉

答案：D

二、下列關於本文的鑑賞分析，錯誤的選項是：

(A)本文結構是先敘事後說理，藉動物故事論理，顯得更具體生動

(B)本文敘事部分是先分述，後總結；說理部分則是先總說，後分論

(C)本文敘事說理緊扣篇題，以「饞」字貫串全文，以「戒」字前後呼應

(D)本文目的在警惕人們不要只看到眼前的利與得，而忽略了潛藏的危險

答案：B

文章來一課（二）

　　昔有雄雌二鴿，共同一巢。秋果熟時，取果滿巢。於其後時（時間一久），果乾減少，唯半巢在（果實看來只剩下巢的一半）。雄瞋（瞪眼生氣）

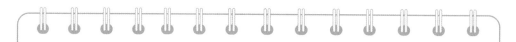

雌言：「取果勤苦，汝獨食之，唯有半在！」雌鴿答言：「我不獨食，果自減少！」雄鴿不信，瞋恚（氣憤發怒，恚，音ㄏㄨㄟˋ）而言：「非汝獨食，何由減少？」即便以嘴啄雌鴿，殺（雌鴿被啄死了）。未經幾日，天降大雨，果得溼潤，還復如故（果實恢復原來的樣子）。雄鴿見已，方生悔恨：「彼實不食，我妄殺他！」

（《百喻經‧一鴿喻》）／（96年大學學測）

 絞盡腦汁

＊閱讀完上文寓言後，我們嘗試整理幾處值得好好思考辨析的地方：

①雄鴿被自己的偏見與成見所圍而誤殺了雌鴿。

②證據能還原真相，雄鴿後來終於了解自己所犯的錯誤。

③雌鴿除了以言語辯白來為自己澄清之外，在當時是否還有其他方法，可以免除災禍呢？

試試身手

*閱讀上文後，選出敘述正確的選項：
　(A)雄鴿多疑固執，闖禍而不知悔悟
　(B)雄鴿未察真相，以至於誤殺雌鴿
　(C)雌鴿吃了果子，卻寧死不肯承認
　(D)雌鴿沒吃果子，果子是被偷走的

　　　　　　　　　　　　　　答案：B

詩歌韻文的閱讀

　　此單元五回以介紹古典韻文為主。中國古典詩詞的韻味及美妙，大家都知曉，也能琅琅上口吟誦個幾句。但在這許多優美詩詞的背後有著怎麼樣的故事呢？還有，這樣精緻的寫作結構模式，呈現出作者什麼樣的思想脈絡呢？這些細節及趣味都值得好好抽絲剝繭、爬梳整理。

詩人閒話孤獨

　　喜、怒、哀、樂、愛、欲、憎是自古以來人類慣有的情感趨向，而古人也不例外。我們所閱讀的古典文學作品中，不乏呈現作者個人思想感情的。尤其在詩、詞、曲、賦這樣的韻文中，因為體裁格律的關係，是非常適合表情達意、抒發心志。

　　此次，我們要來閱讀的是兩首膾炙人口的經典唐詩，李白的〈月下獨酌〉及柳宗元的〈江雪〉。

 文章來一課（一）

＊李白〈月下獨酌〉

　　　花間一壺酒，獨酌無相親。
　　　舉杯邀明月，對影成三人。
　　　月既不解飲，影徒隨我身。
　　　暫伴月將影，行樂須及春。
　　　我歌月徘徊，我舞影零亂。
　　　醒時同交歡，醉後各分散。
　　　永結無情遊，相期邈雲漢。
　　　（「將」字解作「帶領」）

李白　　影子

月亮

詩歌韻文的閱讀

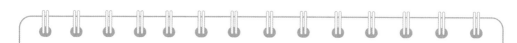

寫作背景

　　〈月下獨酌〉是一組組詩，共有四首，約在唐玄宗天寶三年（西元七四四年）春天所創作的。當時李白於長安擔任翰林供奉一職，才華洋溢深受玄宗激賞。但是，因與權臣楊國忠不和，又受高力士讒言詆毀，漸為玄宗疏遠。李白本想在政治上有一番作為，卻發現玄宗只是讓他侍宴陪酒，寫些應酬歌頌文章，並沒有重用他的意思，心情極為抑鬱，於是寄情於狂歌痛飲，來宣洩胸中的苦悶。本詩正是此種景況下的心情點滴。

 ## 詩意詮釋

　　此詩在寫作手法、詩句布局上極為巧妙。首先在題目上已率先點出「獨」字為詩眼旨趣，於是孤獨應該是詩人當時的心情寫照。但是，仔細閱讀此詩後，我們發現李白此詩的寫作手法，著意以歡樂呈現哀傷，以熱鬧反襯孤獨。全詩寫來熱熱鬧鬧，但其實只有作者一人在獨白，邀請明月與影子相伴，反襯了內心深處的淒涼之感。孤單是一種寂寞，而喧囂又何嘗不是另一種寂寞呢？但，縱使藉助外力排遣，熱鬧後的空虛仍是油然而生，無法消

詩歌韻文的閱讀

除。其實寂寞本來就是人類生命的本質，難以靠外力消除，一如李白自己在〈宣州謝脁樓餞別校書叔雲〉一詩中說：「抽刀斷水水更流，舉杯消愁愁更愁」，哀愁、孤單、落寞……等心情是無法刻意消除的。

　　這首詩中，李白不以直接宣洩式的手法抒發嗟嘆、怨懟、憤恨之情，而以反向操作的方式，記敘自己在夜晚飲酒盡興，邀月共飲，與影同舞的歡暢自適。

　　詩從「對影成三人」開始進入了熱鬧繽紛的畫面。月和影本來都是無知覺的，被李白邀請之後，它們靈動了起來（這是屬於「擬人法」的使用）。李白在這樣美麗的花前月下之夜，有兩個重要的歡暢動作：「喝酒」與「舞蹈」，但是「月既不解飲，影徒隨我身」，月亮無法飲酒，影子只能跟隨著李白。基於行樂要及時，於是李白當下說了「暫伴月將影」（且讓樂月亮及影子為伴）。於是李白吟哦高歌時月亮「徘徊」移動；李白手舞足蹈時，影子也隨之「零亂」起舞，月亮與影子活脫脫像是富有情感的「人」了。李白將月與影擬人化，並投射個人強烈的主觀感情，化無情為有情，並達到情感交融的地步。這種將作者的情感投射至外物的寫

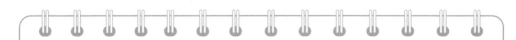

詩歌韻文的閱讀

法並不少見，如：李白〈獨坐敬亭山〉：「相看兩不厭，只有敬亭山」、辛棄疾〈賀新郎〉：「我見青山多嫵媚，料青山見我應如是」。就語言邏輯而言，外物與人的內心世界並無多少相涉，但從詩的意境上分析，情景交融的奧妙正足以傳達作者的心境。

詩人清醒時，心境是落寞鬱悶的，只有在飲酒舞蹈時，暫時獲得紓解與歡樂。所以說，詩中的「醒時同交歡」其實是指「醉時」一起歡樂，而「醉後各分散」是說「醒後」面對現實中的一切，仍得分離。可見李白內心的孤獨寂寞仍是如影隨形。

李白期待能夠和「月」、「影」永遠結下沒有世俗之情的交游（此處「無情遊」是指無世俗機心的真情交游），並相約在浩渺的蒼穹天際，讓心境獲得最完整的抒放。

解讀策略

李白在布局結構這首詩時極為巧妙，他以反襯的方式入手，欲寫「孤獨」，卻以「熱鬧」表現。詩中的「三人」，除了李白自身之外，其餘二者非人也，乃是月亮與影子。於此開端之後，每一詩句

的發展，便緊扣著「月與影」而不斷推演，每一詩句都是隱含月與影的動作、情態……等。於是，解讀詩句時，不妨就上述詩中，每一句套色的字詞部分，加以細究，你會發現其中奧妙之處。

 文章來一課（二）

＊柳宗元〈江雪〉

　　千山鳥飛絕，萬徑人蹤滅。

　　孤舟簑笠翁，獨釣寒江雪。

 詩意詮釋

　　〈江雪〉一詩是柳宗元和劉禹錫等人參加當時擔任太子侍奉的王叔文所領導「永貞革新運動」失敗後，遭遇遷謫而被貶到永州時所作。後來因為氣候關係，與他同住的母親病故，己身悲慘的際遇加以家禍，使他心中百感交集，便創作了「江雪」這首名傳千古的詩作。

　　嚴寒凜冽的冬季，鳥飛絕，人蹤滅，大自然中的生物全都躲避隱藏了起來。瀰漫大雪的江面上，只見一位穿簑衣，戴笠帽的漁翁獨自垂釣。其實，這樣的冬季也許什麼也釣不到，何以漁翁仍要獨釣於江畔呢？或許可以嘗試與柳宗元當時的生平際遇

連結。貶謫永州的詩人，面對政治現實的險惡，難免心懷恍惕憂懼，但要獲得超脫曠達，也得自身有意識及認知。於是，他藉由詩句表示煢煢獨立和嚴酷考驗對他算不了什麼，只要有信念，有毅力，再惡劣的環境也不足為懼。詩裡的漁翁可以想作詩人自己的寫照與投射，孤獨而堅強。

 解讀策略

〈江雪〉一詩是藏頭詩，每一詩句的頭一字依序為「千、萬、孤、獨」，這四個字正隱含著柳宗元謫居永州時的心境是非常孤獨的。

試試身手

一、某次國文課，老師希望學生們參考下列資料，在李白、杜甫的作品中尋找可以和文中「大」與「重」的領悟相印證的詩句，則(A)(B)(C)(D)四位學生所提出的詩句，何者最不符合？

中國的藝術總是說「重、大、拙」三原則，我總是覺得相反。……但詩讀久了逐漸悟到：李白的「大」、杜甫的「重」、陶潛的「拙」，我才對重、大、拙略有領悟。（陳之藩〈把酒

論詩〉）

(A)李白：「相攜及田家，童稚開荊扉。綠竹
入幽徑，青蘿拂行衣」

(B)杜甫：「國破山河在，城春草木深。感時
花濺淚，恨別鳥驚心」

(C)李白：「天台四萬八千丈，對此欲倒東南
傾。我欲因之夢吳越，一夜飛度鏡湖月」

(D)杜甫：「萬里悲秋常作客，百年多病獨登
臺。艱難苦恨繁霜鬢，潦倒新停濁酒杯」

答案：A

（92年度大學指考）

二、下列李白詩句畫線處，詮釋恰當的選項是：

(A)「見說蠶叢路，崎嶇不易行。山從人面
起，雲傍馬頭生」，形容山勢陡峻，行路
窘迫

(B)「浮雲遊子意，落日故人情。揮手自茲
去，蕭蕭班馬鳴」，意謂友情如浮雲、落
日，難得易逝

(C)「抽刀斷水水更流，舉杯銷愁愁更愁。人
生在世不稱意，明朝散髮弄扁舟」，強調
滿腔憂鬱，揮之不去

詩歌韻文的閱讀

(D)「越王勾踐破吳歸，義士還鄉盡錦衣。<u>宮女如花滿春殿，只今惟有鷓鴣飛</u>」，表達盛衰無常，繁華成空

(E)「雲想衣裳花想容，春風拂檻露華濃。<u>若非群玉山頭見，會向瑤臺月下逢</u>」，盛讚殿宇富麗，宛如天庭。

答案：ACD

（96年大學學測）

詩人手足情深魚雁往返

蘇軾與蘇轍兄弟兩人深厚的情誼，一直為人所津津樂道。《宋史・蘇轍傳》中曾盛讚蘇軾兄弟的情誼說：「患難之中，友愛彌篤，無少怨尤，近古罕見。」

元豐二年，蘇軾因「烏臺詩案」遭讒言陷害而被捕入獄。蘇轍為了營救哥哥，不僅變賣家產，到處奔走，向太后求情，也上書神宗皇帝，為蘇軾澄清罪責內容，甚至也願意免除自己的官職和薪俸，為其兄贖罪。蘇軾經過蘇轍及其他友人的援助，由死罪改坐貶黃州，但蘇轍自己卻也因此牽連而貶謫筠州。蘇軾文學創作上的精華階段正是貶謫黃州的四、五年之間，這時期，兄弟倆人分隔兩處，卻常常有詩文互相唱和。此次兩首詩便是蘇軾、蘇轍的應和之作。

一、 蘇轍〈懷澠池寄子瞻兄〉

相攜話別鄭原上，共道長途怕雪泥。
歸騎還尋大梁陌，行人已度古崤西。

詩歌韻文的閱讀

曾為縣吏民知否？舊宿僧房壁共題。

遙想獨游佳味少，無言騅馬但鳴嘶。

二、 蘇軾〈和子由澠池懷舊〉

人生到處知何似，恰似飛鴻踏雪泥。

泥上偶然留鴻爪，鴻飛哪復計東西。

老僧已死成新塔，壞壁無由見舊題。

往日崎嶇還記否？路長人困蹇驢嘶。

 寫作背景

此次要介紹的兩首詩是「唱和詩」，蘇轍的
〈懷澠池寄子瞻兄〉及蘇軾〈和子由澠池懷舊〉。
澠池，在今河南澠池西。仁宗嘉祐元年（西元一
〇五六年）蘇軾兄弟兩人赴京參加考試，途經澠池
時借住在一所寺院中，並在寺院的壁上題詩留念。
嘉祐六年（西元一〇六一年）年底，蘇軾任鳳翔府
（今陝西鳳翔）簽判，蘇轍送行，兄弟兩人在鄭州
西門外分別後，蘇轍想到五年前赴京趕考時曾經過
澠池，猜想其兄蘇軾西行赴任必經澠池，所以作
〈懷澠池寄子瞻兄〉一詩送給哥哥。

不久後，蘇軾便寫了一首和詩回應，蘇軾此次
赴鳳翔上任，重經澠池，當年寺中的和尚已經去

世，壁上的詩也蕩然無存，這首詩即為此有感而發。

國學常識

　　古代文人，喜愛以詩作互相贈答，彼此唱和應酬，通常由某一人先作，另一人或其他人依照其體裁與用韻來回應的詩作，就叫做「和詩」，有時「和詩」也未必會跟原詩同韻。凡「和詩」，必於詩題標出〈和○○○……〉等字樣，這是「和詩」的詩題格式。最初的和詩，只回應詩意，不須跟隨詩韻，到了中唐才開始「和韻」。「和韻」依照它的形式大概分為三種：一是「依韻」，和詩只須跟原詩的所押的韻腳為同一韻目即可，不一定要依照原詩押韻所用的那幾個字。二是「用韻」，和詩的韻腳不但要用與原詩同一韻目，而且要用原詩押韻所用的那幾個字，但這些字使用的次序可以不同。三是「次韻」或「步韻」，和詩不但要用原詩押韻所用的那幾個字，而且這些字使用的先後次序也要相同，這是三種類別中限制最嚴的。以蘇軾這首和詩為例，便是屬於最難的「次韻」。

 詩意詮釋

　　蘇轍的詩，主要從寫實、寫事、寫景直接入手描述，頸聯（第三聯）採追述示現的方式懷念往昔。其實在「舊宿僧房壁共題」句後，蘇轍曾經〈注〉曰：「轍昔與子瞻應舉，過宿縣中寺舍，題其老僧奉閒之壁。」說明當日題詩於僧房的狀況。尾聯順接頸聯而來，採懸想示現的方式，遙想哥哥蘇軾一人獨赴鳳陽路途中的經過點滴。整首詩文字平實，記敘寫實極為真切。

　　而蘇軾的「和詩」則由議論人生到追懷舊事，然後翻轉到自身，是由虛入實的寫法。詩的前四句大筆一揮，感嘆人生像雪泥上的鴻爪，東奔西走，轉瞬間了無痕跡，無法留下任何印記，比喻極為生動。後四句則是「懷舊」筆法，頸聯說明時間流逝，過往的人事、景物於今日，恐已非昔日之貌了。而尾聯，蘇軾採自問自答的方式，收結昔日行旅的艱辛，「路長」、「人困」、「蹇驢嘶」，正是「往日崎嶇」的具體說明。詩的末句蘇軾自〈注〉：「往歲馬死於二陵，騎驢至澠池。」當日艱辛的境況可見一斑。

　　細究蘇氏兄弟兩首詩作，除了在韻腳上完全相

同之外，在詩意的應和上，蘇轍詩作的第六句「舊宿僧房壁共題」，蘇軾回以「壞壁無由見舊題」，彼此互為綰合。而蘇軾的最後兩句「往日崎嶇還記否？路長人困蹇驢嘶。」更是針對蘇轍原詩「遙想獨遊佳味少，無言騅馬但鳴嘶。」而來的。蘇轍擔憂哥哥一人獨往鳳翔無人為伴，蘇軾就回應說相較於往昔未發達前的崎嶇困頓，今日一切或許不足為慮了。蘇轍以「馬」狀擬，蘇軾答以「蹇驢」，一來一往，極為巧妙。

 延伸閱讀

蘇軾與蘇轍兄弟兩人的好感情，是文學史上的佳話。下面有兩首詩也可以看出兩人之間的情誼，請你細細咀嚼品味。

一、 北宋・蘇軾〈水調歌頭〉

（丙辰中秋，歡飲達旦。大醉，作此篇，兼懷子由。）

明月幾時有，把酒問青天。不知天上宮闕，今夕是何年？我欲乘風歸去，又恐瓊樓玉宇，高處不勝寒。起舞弄清影，何似在人間！

轉朱閣，低綺戶，照無眠。不應有恨，何事長向別時圓？人有悲歡離合，月有陰晴圓缺，此事古

173

難全。但願人長久，千里共嬋娟。

二、〈獄中示子由〉

　　是處青山可埋骨，他年夜雨獨傷神。

　　與君世世為兄弟，再結來生未了因。

解析：蘇軾借本詩的首兩句說明自己並不怕死，可
　　　以埋在此青山之下，只擔心弟弟會在自己死
　　　後的雨夜中，感到傷心寂寞。最後兩句則表
　　　示自己願意和蘇轍生生世世成為兄弟，再續
　　　兄弟的緣分。

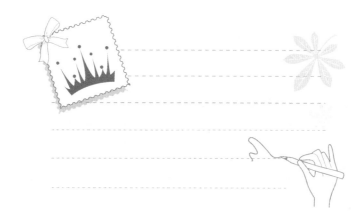

詩歌韻文的閱讀

觀點大不同——翻案詩

 常識一點通

　　所謂「翻案」是指對於已定的歷史結果或前人
對事物的定論評價，提出相異的見解。前人的定
論、觀點不一定是正確無誤的，後繼者對於這些看
法有贊同、有反對。於是，透過詩文以表達個人論
點。例如：歐陽修的〈縱囚論〉一文是針對唐太宗
於貞觀年間，將已判定死刑的犯人三百餘人縱放回
家敘舊，然後約定一個日期，要求他們回來接受死
刑執行。結果，到了約定日期時，全部的死刑犯，
都如期守諾地回來就死。最後唐太宗深為這些死囚
講究信義而感動，便赦免他們的死罪。

　　歐陽修認為，這樣的情況是「上下交相賊」
（在上位者與居下之人彼此互相揣摩對方的心
意）。也就是說死刑犯們猜測唐太宗的心意，以為
如果自己能夠如期回來，一定可以獲得赦免；而太
宗也盤算著我放你們回去，你們必定因感念恩澤

詩歌韻文的閱讀

（或是有所他圖）而回來。歐陽修以為這場縱囚的行徑根本不是因為唐太宗德政遠播，感動死囚所致，這是唐太宗充滿算計的沽名釣譽之舉。

　　歐陽修的想法與歷來史家每多稱讚唐太宗是個明君，高度溢美貞觀之治的普遍觀點相異。這樣的文章便屬於「翻案作品」。

　　此回，我們要來看看兩首翻案詩，它們講述同一個人物「項羽」，卻展現兩種不同的觀點，各有勝場。

文章來一課（一）

＊唐・杜牧〈題烏江亭〉
　　勝敗兵家事不期，包羞忍恥是男兒。
　　江東子弟多才俊，捲土重來未可知。

註解：烏江亭：在今安徽和縣東北的烏江浦。《史記・項羽本紀》載：項羽兵敗，烏江亭長備好船勸他渡江回江東再圖發展，他覺得無顏見江東父老，乃自刎於江邊。

翻譯：勝敗是兵家常見之事，難以預料，能忍辱負重才算是真正的男子漢。江東子弟歷來人才濟濟，如果當年項羽能重整旗鼓，捲土重來，勝負之數可能還是未定之天呢！

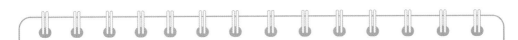

創作背景

　　杜牧擔任池州刺史時，經過烏江亭，想起當年項羽的史事，便寫下這首詩。

詩意詮釋

　　首句指出勝敗乃兵家常事，暗示著面對勝敗時的態度是日後一切發展的關鍵，強調只有包羞忍恥才是真正的男兒。項羽遇到挫折便灰心喪志，自刎了結，怎能算是真正男兒呢？項羽遇到劉邦追兵，落得困窘境界，自己說有愧於當年對他寄予厚望的諸多家鄉父老，此話固然表現出氣節，但也顯得剛愎不知變通。如果他願意接納忠言，忍辱負重，再整旗鼓，勝負或許未可知。最末句「捲土重來未可知」寓含有積極的意義。

　　杜牧對於項羽或有惋惜嗟嘆之意，認為他被自己那放不下的驕傲身段毀了東山再起的機會，但是杜牧在詩末還是以積極態度來面對這樣的史事。

　　清代詩人趙翼曾經這樣讚許過杜牧的翻案作品「詩家欲變故為新，只為詞華最忌陳。杜牧好翻前代案，豈知自初句驚人。」他的意思是說杜詩不做陳語能夠變古為新，自鑄新詞。

詩歌韻文的閱讀

文章來一課（二）

＊北宋・王安石〈烏江亭〉

　　百戰疲勞壯士哀，中原一戰勢難回。

　　江東子弟今雖在，肯為君王捲土來？

翻譯：身經百戰的將士們疲勞不堪，中原之戰一敗
　　　塗地的形勢是無法挽回了。雖然江東的弟子
　　　們還在，可是又有誰肯與霸王捲土重來呢？

 創作背景

　　此詩是王安石讀了杜牧的〈題烏江亭〉之後，
提出異樣觀點而寫成的。

詩意詮釋

　　此詩所寫的背景是楚漢戰爭，項羽的軍士們經
歷百戰，身心已十分疲勞，顯然對戰爭已感到厭
倦。尤其是垓下之圍，項羽兵敗，軍心渙散，元氣
大傷，從此一蹶不振，無力回天，而後烏江自刎。
項羽失敗的因素固然很多，但最根本的就是他剛愎
自用，一意孤行。但令人憤慨的是，他對自己的缺
失臨死仍不悟，只說了句：「天亡我也，非戰之
罪。」循此，本詩第三、四句進一步深入剖析，王

詩歌韻文的閱讀

安石以為即使項羽真的能重返江東，但是江東子弟還肯為他繼續賣力嗎？「捲土重來」實在是難以預料的景況啊！王安石詩中「江東子弟今雖在，肯為君王捲土來？」這兩句完全是針對杜牧詩中的「江東子弟多才俊，捲土重來未可知。」一聯進行翻案，兩者的句式極為相似，但在意義上南轅北轍。

　　杜牧的〈題烏江亭〉，流露詩人對歷史人物的憑弔，有嗟歎、不捨，但詩末轉有積極樂觀之意；王安石的〈烏江亭〉，則是警世的理性闡析，希望後人能以此為警惕。前者動情，後者啟思。

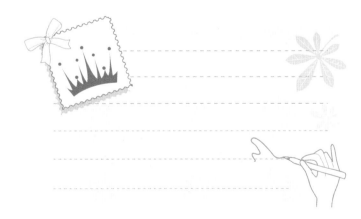

詩歌韻文的閱讀

古人這樣拜碼頭——干謁詩

常識一點通

　　唐代士子流行在科舉考試之前，先以所作詩文投獻給達官顯要過目品評，以博取個人名聲，這種行徑稱為「溫卷」（亦有人稱為行卷）。所謂「溫卷」其實就是一種干謁（干，求取。謁，音一ㄝˋ，晉見）的行為，以現代語言來說類似透過「攀關係」、「走後門」來自我推銷。現代人攀拉關係都盡量低調，不讓人知曉，但是唐人「溫卷」卻是種堂而皇之的風尚。

一、唐·白居易〈賦得古原草送別〉

　　中唐社會詩人白居易就有一個關於溫卷而家喻戶曉的故事。「野火燒不盡，春風吹又生」是許多人耳熟能詳的名句，它是白居易在十六、七歲時所作。當時，白居易到長安城投石問路，準備開展自己的生涯，於是將一首〈賦得古原草送別〉的詩投給當時的名人顧況評賞。顧況平常已經慣見許多前

詩歌韻文的閱讀

來溫卷干謁的士子，所以，剛開始並沒有對白居易的作品留意。顧況只是稍微看了一眼了卷首的署名「白居易」，笑笑地道：「長安米價方貴，居大不易！」（顧況拿白居易的名字開玩笑）。幾日後，得閒，顧況有空細索這首詩，一讀之下，大為讚歎，說道：「有詩如此，居天下何難，何況長安居？前之言戲耳。」顧況為自己竟然沒能識得人才而改口，於是四處稱道白居易，使他聲名大噪。這首詩在寫作上極具巧思，每一詩句都扣緊「草」這個主題發揮推展（請看詩中套色字體處，無一不是圍繞「原上草」而衍義者）。

離離原上草，一歲一枯榮。

野火燒不盡，春風吹又生。

遠芳侵古道，晴翠接荒城。

又送王孫去，萋萋滿別情。

二、唐‧孟浩然〈望洞庭湖贈張丞相〉

但是並非所有干謁作品都如此順利將作者推上青雲，如：孟浩然的〈望洞庭湖贈張丞相〉便是扼腕之作：

八月湖水平，涵虛混太清。

氣蒸雲夢澤，波撼岳陽城。

詩歌韻文的閱讀

欲濟無舟楫，端居恥聖明。

坐觀垂釣者，徒有羨魚情。

（註：「太清」指天空）

上述作品也是首干謁詩。孟浩然約四十歲時前往長安遊歷，造訪故人，順道寫下這首詩投謁給當時任相的張九齡，期待獲得賞識，豈料事與願違，失意而歸。

關於這首詩有個傳說：孟浩然和王維私交甚為篤厚，傳說王維曾私自邀請他入內署，適逢玄宗至，浩然驚慌之際逃避床下。王維不敢隱瞞，據實秉奏，孟浩然自得出來面見皇上。後來，浩然自誦他的詩句，至「不才明主棄」一句時，玄宗臉色不悅，說：「卿不求仕，而朕未嘗棄卿，奈何誣我！」孟浩然謙虛地說自己沒有什麼才能，因此未能被英明聖主所重用，但玄宗以為這是孟浩然在諷刺他沒有識才之明。孟浩然幾番與仕途失之交臂，這是最近一次與玄宗近身的機會，他也錯失了。

詩的前四句寫洞庭湖風光，境界廣闊，氣勢非凡，特別是「氣蒸雲夢澤，波撼岳陽城」一聯，歷來被人視為與杜甫「吳楚東南坼，乾坤日夜浮。」（〈登岳陽樓〉）齊名，同為描寫洞庭湖的名句。後四句，藉著景色進而說理設喻，表達他個人心志

詩歌韻文的閱讀

想法，「欲濟無舟楫」，字面說想要橫過洞庭湖卻沒有渡船，實際是表達自己想進入仕途官場卻無人牽引，所以才會「端居恥聖明」，在聖明昌平之世竟閒居在家，無法為國盡力，實在令人羞恥，表達了其內心想要有所作為的意願。「坐觀垂釣者，徒有羨魚情」兩句更用「魚」和「垂釣者」來設譬喻，「垂釣者」指當政者，「羨魚情」有兩種詮釋：其一是指羨慕魚兒能被釣者釣上岸，期許自己亦能被重用；其二是運用「臨淵羨魚，不如退而結網」的寓意，期勉自己該積極具體地努力往仕途邁去。

三、
> 唐・朱慶餘〈近試上張水部〉
> 唐・張　籍〈酬朱慶餘〉

　　除了上述作品之外，也有相互往來示意的干謁之作，如朱慶餘〈閨意獻張水部〉（又稱〈近試上張水部〉）和張籍的〈酬朱慶餘〉這兩首詩。

＊朱慶餘〈閨意獻張水部〉

　　　洞房昨夜停紅燭，待曉堂前拜舅姑。

　　　妝罷低聲問夫婿，畫眉深淺入時無？

　　　（附註：「舅姑」是指「公婆」）

　　張水部即張籍，他喜愛文學且又樂於獎掖後

詩歌韻文的閱讀

進。朱慶餘日常已投了不少詩文於他，並已獲得賞
識。而此詩是鄰近科考之時，朱慶餘再度探問其
作品之程度如何？能不能受考官的青睞呢？詩中以
新嫁娘自我比擬，以夫婿比張籍（張水部），並以
舅姑（公婆）比喻考官。當時習俗，新嫁娘在婚禮
次日清晨必須梳妝完畢以拜見公婆。此詩利用這個
禮俗活動委婉刻劃了新嫁娘（朱慶餘自身）含羞、
期待而又遲疑的心境，可謂唯妙唯肖，極為傳神生
動。尤其「入時無」三字更是全詩的重點，語帶雙
關，朱慶餘試探性地詢問自己的作品符不符合當時
科考的潮流趨勢呢？後來，張籍特別作了答詩以回
應：

＊張籍〈酬朱慶餘〉

　　越女新妝出鏡心，自知明豔更沉吟。

　　齊紈未足時人貴，一曲菱歌敵萬金。

　　　詩中以越女比喻朱慶餘，越女美貌動人，新妝
完畢後，攬鏡自照，自知明媚艷麗，低自沉吟。雖
然有許多其他姑娘較勁，身上穿著的是齊地（今山
東省）出產的華麗絲綢所製成的衣裳，可是那並不
值得看重。相反的，這位越地採菱姑娘的聲喉清
亮，一曲歌謠足以抵得上萬金之酬。張籍的回覆告
訴了朱慶餘說：「你的作品很好，無須掛心，旁人

詩歌韻文的閱讀

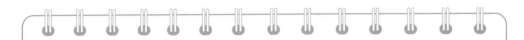

作品不及你。」也間接回答了朱慶餘的探問「入時無？」

　　這一來一往的兩首詩作含蓄婉轉，其實，「含蓄委婉」正是好的干謁詩的必備條件之一。朱慶餘以新嫁娘的嬌羞詢問統攝全詩；張籍則以越女的明豔低吟含蓄以對，兩者都以女性角度來設立譬喻，進行代言，縮合銜接極為得宜，堪稱是干謁詩中的代表作。

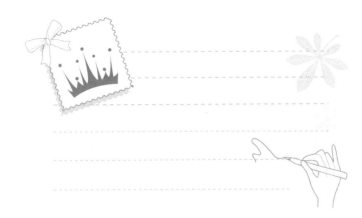

詩歌韻文的閱讀

各彈各的調——同主題、同曲調，不同工法

常識一點通

　　中國韻文譜系中，除卻詩、詞之外，元曲在意境、風格上也是別具特色。本回要介紹兩首元曲，元曲和宋詞一樣，都必須依照一定的牌令格律來填詞，此格律調式就是所謂的「曲牌」。每支曲牌唱腔的曲調，都有自己的曲式、調式和調性，以及風格情趣。

　　此回兩首元曲的曲牌同為「天淨沙」，是故，兩首曲子在格律、譜式上必須相同。我們檢視兩者時發現，它們在句式、韻腳、押韻位置上相同，便可以得知同一曲牌的意義及效用。以下分別賞析各曲子的內蘊及情味。

一、　馬致遠〈天淨沙・秋思〉

枯藤，老樹，昏鴉。
小橋，流水，人家。

詩歌韻文的閱讀

古道，西風，瘦馬。

夕陽西下，斷腸人在天涯。

本曲中的主角是個浪跡天涯的旅人。前三句的布局安排及詞語結構極為精妙，用九個名詞堆疊出羈旅行人眼中所見的秋景，這九種景物，可就三個一組，三組層次來看。第一層次「枯藤，老樹，昏鴉」純然就視覺來描寫，是屬於近距離的視角。其中，作者著意安排的形容詞「枯、老、昏」三字呈現了秋天蕭條、凋落的景象，且誠如王國維所言：「一切景語皆情語」，這些場景透過形容詞的刻畫也隱隱寄寓了旅人孤寂的心境。接著，第二層次的「小橋，流水，人家」給遊子帶來一點情味，有人物、有動態。尤其「人家」一詞似乎給了羈途中的旅人一點希望，為上一層次的蕭瑟秋景添上一筆溫暖，對於長期天涯飄泊的旅人而言，「家」是心中最深的想望。最後一層次的敘述視角回到旅人身上及其所處的場域，「西風」點明秋季，「古道、瘦馬」更是傳神，何以用「瘦」形容馬呢？是否因為旅途的困頓顛簸使馬「瘦」了呢？如果馬瘦，那麼馬匹上的旅人是否也更形消瘦了？這三組名詞中完全沒有出現任何「人物」，但是每一層次的景物處處都在訴說旅人心緒及情感愁思。看似平常的語

言，但包容極大，張力極強，十足展現文字凝鍊的密度。

末尾兩句，作者仍以客觀平實的筆調敘述。「夕陽西下」，是一幅讓人傷感的圖像，古典文學中慣以夕陽象徵美好即將消逝的唏噓嗟嘆，此處如此使用當具有強烈的暗示性。夕陽西下，倦鳥歸巢，人們返家，但是旅人呢？日暮時分，家在哪裡呢？作者僅是淺淺淡淡地說「斷腸人在天涯」，「斷腸」說明旅人的心境，「天涯」暗示飄泊無所依的旅人處境。整首曲子的主旨及情感在此流瀉而出。

全曲以有限的字句，寫出深秋的蕭瑟，悲秋的情調及旅人的哀愁。全曲沒有任何一個直接描摹情感、宣洩情感的字眼，但是，情感及心緒的發抒卻無處不在；全曲不直接寫人，只有最後一句點出斷腸人，然而，每個畫面無不縮合著斷腸人所見之景與心境。王國維在《人間詞話》中曾讚譽此曲：「寥寥數語，深得唐人絕句妙境，有元一代詞家，皆不能辦此也。」

二、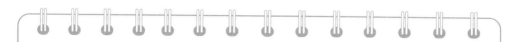 白樸〈天淨沙・秋〉

孤村，落日，殘霞。
輕煙，老樹，寒鴉。

一點飛鴻影下。

青山綠水，白草紅葉黃花。

白樸也寫了一首天淨沙，他一開始一連描摹了六種秋天的景物，並以「孤、落、殘、輕、老、寒」等形容詞的運用，呈現出蕭瑟、孤寂、冷凝的深秋景象。可是，作者在平緩的靜態景象中，忽然急轉彎地來了一句「一點飛鴻影下」，有隻飛翔中的鴻鳥影子自空中而降，點灑在眼前，讓靜景之中增添了動態的活潑之感。原本落寞凋零的秋景不再只有蕭瑟一種味道，它也可以是屬於秋收的豐滿、圓潤、祥和。因此，作者最後再以「青山、綠水、白草、紅葉、黃花」作為結束，「青、綠、紅、白、黃」這五種繽紛的色彩，將秋天點綴得極為熱鬧而紛呈。

這首天淨沙的寫作一反古來「悲秋」的感傷傳統，而予人另一番屬於秋天的豐富情味。雖然前面六個名詞的堆疊在形容詞上予人蕭瑟之感，但是白樸在第三句開始將情調轉換，呈現的是賞心悅目、韻味無窮的場面。

同樣是黃昏時刻、夕陽西下的場景，但是作者的心境不同，所創作的曲子在韻味與意境也就不同了。兩者各自想表現的旨趣不同，各有擅場，值得

細細咀嚼。

我們不妨以表格對列的方式看看這兩首〈天淨沙〉同中有異之處。

	馬致遠	白樸
題目	秋思	秋
韻腳	鴉、家、馬、涯	霞、鴉、下、花
旨趣風格	著重於旅人心理層面的描寫，藉秋天蕭寂、蒼涼的景象以襯托孤獨寂寞的心境，韻味深刻。	側重於大自然秋天景象的描摹，但一反「悲秋」傳統，以呈現秋天的豐富紛呈為主。秋季萬物的形貌在白樸筆下顯得精巧可喜，別具情味。

 試試身手

以下兩首詩所描述的主題相近似，但是在旨趣及風格上是否相同呢？請加以判斷。閱讀下列甲、乙二詩，選出敘述正確的選項：

甲、三月正當三十日，風光別我苦吟身。

　　共君今夜不須睡，未到曉鐘猶是春。

　　（賈島〈三月晦日贈劉評事〉）

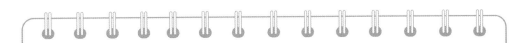

乙、節物相催各自新，癡心兒女挽留春。

　　芳菲歇去何須恨？夏木陰陰正可人。

　　（秦觀〈三月晦日偶題〉）

(A)二詩均藉由描寫景物的變化，具體呈現季節的交替、轉換

(B)二詩均藉由自己和他人態度的差異，深化面對春盡的感傷

(C)甲詩以「猶是春」表示只要心中有春，即令春去亦無須傷感

(D)乙詩以「何須恨」表示四季各有其美，當豁達迎接夏天到來。

答案：D

（98年大學學測）

詩歌韻文的閱讀

 筆記頁

國家圖書館出版品預行編目資料

閱讀不偏食－30篇文字的美味關係／楊曉菁
著. －－初版. －－臺北市：五南, 2013.05
　面；　公分
ISBN 978-957-11-7069-5（平裝）
1.國文科　2.閱讀指導　3.中等教育
524.31　　　　　　　　102005618

1AN8

閱讀不偏食－
30篇文字的美味關係

作　　者 ― 楊曉菁

發 行 人 ― 楊榮川

總 編 輯 ― 王翠華

主　　編 ― 黃文瓊

責任編輯 ― 吳雨潔

封面設計 ― 吳佳臻

出 版 者 ― 五南圖書出版股份有限公司

地　　址：106台北市大安區和平東路二段339號4樓

電　　話：(02)2705-5066　　傳　真：(02)2706-6100

網　　址：http://www.wunan.com.tw

電子郵件：wunan＠wunan.com.tw

劃撥帳號：01068953

戶　　名：五南圖書出版股份有限公司

台中市駐區辦公室/台中市中區中山路6號

電　　話：(04)2223-0891　　傳　真：(04)2223-3549

高雄市駐區辦公室/高雄市新興區中山一路290號

電　　話：(07)2358-702　　傳　真：(07)2350-236

法律顧問　元貞聯合法律事務所　張澤平律師

出版日期　2013年5月初版一刷

定　　價　新臺幣280元